POLYCARPUS PRIMUS ABBAS B. M. DE NUCES
C. J. Paulus Portes Sculp.t

DOM POLYCARPE

Premier Abbé de N. - D. des Neiges

NIMES, IMPRIMERIE GERVAIS - BEDOT

DOM POLYCARPE

PREMIER ABBÉ

De la Trappe de Notre-Dame des Neiges

PAR

L'ABBÉ J.-B. REYDON
VICAIRE A LA CATHÉDRALE DE NIMES

NIMES

GERVAIS-BEDOT, LIBRAIRE-ÉDITEUR

PLACE DE LA CATHÉDRALE

—

1897

AVANT-PROPOS

AVANT-PROPOS

Les quelques pages que nous venons d'écrire n'ont pas besoin de *préface*.

Nous voulons simplement les offrir aux anciens élèves de Notre-Dame des Neiges et aux amis de Dom Polycarpe, persuadé que les uns et les autres nous sauront gré d'avoir mis ensemble les quelques notes que nous avons pu recueillir sur sa vie. Puissent-elles contribuer à faire garder plus fidèlement sa mémoire.

Victor de Laprade, dans la préface d'un livre

qui a pour titre « Joseph Pagnon, » jugeait ainsi les jeunes lyonnais qui s'étaient groupés autour du charmant artiste dont Clair Tisseur a recueilli les « *Lettres et Fragments* (1). »

« Le goût passionné du beau, une piété pleine de ferveur et d'indépendance, une austère pureté de mœurs contrastant avec leur vivacité d'imagination, étaient les principaux liens qui unissaient ces jeunes gens et leur grand trait de ressemblance...»

Le futur abbé de Notre-Dame des Neiges, qu'on appelait alors Henri Marthoud, faisait partie de cette jeune troupe, pieuse et indépendante ; il était de ce « petit cercle sur lequel le Père Lacordaire soit par ses discours, soit par ses conversations, acquit un tel empire, que, quelques mois après la station du carême (2),

(1) Lettres et fragments, par Clair Tisseur.

(2) Station de 1845.

ceux qui composaient ce cercle étant désireux
d'avancer dans la voie des idées élevées et religieuses , résolurent d'instituer entre eux le
Tiers-Ordre de Saint-Dominique...

» C'était le premier dimanche du mois qu'on se
réunissait. On le fît tant qu'on le put, et cela dura
trois années. Au bout de ce temps, les membres
étaient tous dispersés. Le vent de la mort avait
secoué l'arbre et fait tomber les fruits les meilleurs. Des autres, l'un, doux et angélique adolescent, qui parlait rarement, qui était fort timide,
s'était fait trappiste avant que d'avoir même
entr'ouvert une porte sur la vie et le monde,
presque au sortir du collège (1). »

Notre petite histoire est l'histoire même de ce
doux et angélique adolescent, dont parle Clair
Tisseur, et dont nous avons essayé de résumer

(1) *Joseph Pagnon*, pag. 223 et 225.

la vie sous ces quatre titres qui en marquent si bien les étapes principales : Lyon, Aiguebelle, Notre-Dame des Neiges, l'Orient.

Nous eussions voulu, à cause même de notre profonde affection pour Dom Polycarpe, que ce travail eût été confié à une main moins inhabile que la nôtre ; le lecteur y eût gagné, et aussi la mémoire du vénérable abbé. Mais l'invitation qui nous était adressée s'est trouvée si affectueuse et tellement pressante que nous ne devions même pas songer à faire valoir nos très légitimes excuses.

Du moins, en écrivant, nous n'avons pas perdu de vue un seul instant le sage conseil qui nous a été donné, au début de notre travail, par celui qui fut l'un des enfants préférés de Dom Polycarpe et qui est devenu son successeur sur le siège abbatial de Notre-Dame des Neiges : « Soyez simple et soyez vrai. »

C'est à cela que nous nous sommes appliqué avant tout. Être simple et être vrai ; tel a été notre but. Et nous osons ajouter que tel devait être notre but, puisque nous nous proposions d'honorer la mémoire d'une vie qui fut toujours marquée, entre autres notes, de ces deux traits : simplicité et vérité.

Nimes, 21 mars 1897,

Fête de saint Benoit, patriarche des moines d'Occident

CHAPITRE PREMIER

LYON

DOM POLYCARPE

PREMIER ABBÉ

DE LA TRAPPE DE N.-D. DES NEIGES

CHAPITRE PREMIER

LYON

1827-1846

§ I. — Naissance de Henri Marthoud ; — la paroisse de St-
Polycarpe ; — l'Institut de l'Adoration perpétuelle du Sacré
Cœur ; — mort d'une jeune sœur.

Le Révérend Père Dom Marie Polycarpe,
Henri Louis Marthoud, naquit à Lyon, le 5
avril 1827, à la fin des exercices du grand
jubilé, pendant lequel sa pieuse mère l'avait

consacré, avant sa naissance, à la Très Sainte Vierge.

Plus tard l'abbé de la Trappe aimait à rappeler cette consécration à laquelle il rapportait toutes les grâces spéciales que Dieu lui accorda pendant sa vie.

Son père était dans le commerce de la soierie, à titre d'entremetteur de plusieurs importantes maisons pour la vente et l'achat des marchandises. A un caractère essentiellement bon et très conciliant M. Marthoud joignait une justice parfaite et une probité à toute épreuve. Aussi jouissait-il de l'estime et de la confiance de tous ; et en peu d'années, il atteignit, si non la fortune, du moins une honnête aisance, qui lui permit de faire donner à ses enfants une éducation très soignée et surtout très chrétienne.

Au foyer domestique une pieuse mère préludait à cette œuvre par ses enseignements et ses exemples, imprégnés de cette vieille foi chrétienne, vive et robuste, qui présidait jadis à la formation de notre jeunesse française. Madame Marthoud, avec sa dignité quelque peu austère, sa trempe d'âme énergique et aussi son cœur tendre et dévoué, est restée, dans le souvenir de ceux qui l'ont connue, comme un des types vénérables de ces fortes et vaillantes chrétiennes qui, loin d'être effrayées des sublimes devoirs de la maternité, aspiraient aux joies saines et exquises d'une nombreuse famille. Elle fut mère de dix enfants, cinq fils et cinq filles.

Lorsque Henri vint au monde il était le huitième ; mais ses parents avaient déjà vu quatre de leurs petits anges s'en retourner au ciel. Il leur restait alors trois filles. Elisa, l'aînée, avait huit ans, Marguerite, la seconde, en avait six, et la troisième, Marie, comptait trois ans et demi. On comprend la joie qu'apportait dans ce milieu la naissance d'un fils. Il fut baptisé en l'Église de Saint-Polycarpe, sous les noms de Henri Louis Marie.

Si plus tard, se consacrant à Dieu dans la vie religieuse, il prit le nom de Polycarpe, on voit que ce fut une sorte d'hommage rendu au patron de sa paroisse natale, dont la cloche elle-même avait bercé ses premiers sommeils, tant la maison paternelle était proche de l'église.

Cette paroisse de Saint-Polycarpe se distinguait, alors comme aujourd'hui, autant par l'élément actif et généreux de sa population ouvrière et commerçante que par le zèle de ses pasteurs. A ce moment elle était administrée par

M. Gourdiat, de vénérée mémoire, ayant pour collaborateurs des hommes de grand mérite, entre autres M. l'abbé Dartigues, plus tard premier curé de Sainte-Blandine. A plusieurs reprises, la chaire même de cette paroisse fut honorée par l'éloquence des orateurs célèbres de l'époque, tels que l'abbé Combalot et l'abbé Corbois. Leur parole tombait en bonne terre, et la moisson était toujours riche parmi ces âmes croyantes qu'entretenait si bien l'esprit puissant de la vie paroissiale.

C'est dans ce milieu si chrétien que vivait la famille Marthoud. Le Père, fidèle aux offices de la paroisse, avait sa place marquée à l'église, et aux processions, il était exact à tenir celle de confrère du Très Saint Sacrement. La mère, assidue à une messe quotidienne et matinale, ne l'était pas moins à tous les offices du dimanche, entourée alors de tous ses enfants. Si jeunes qu'ils fussent encore, elle semblait jalouse de les amener à Dieu et de les lui montrer. Elle les habituait à ouïr la parole sainte, à la savourer dans le *ton* et le *geste*, avant d'en comprendre tout le sens. Mme Marthoud voulait faire aimer la religion à ses enfants, et avec son instinct de mère chrétienne, elle avait trouvé le secret de passionner leurs jeunes imaginations pour tout ce qui tenait au culte divin.

Quelquefois, cependant, on désertait Saint-Polycarpe ; mais c'était pour la sainte colline de Fourvière et son sanctuaire vénéré. Pour tout Lyonnais croyant, Fourvière est une sorte de patrimoine ; on s'y trouve comme chez soi, car on y est chez sa *Mère*. Que de pèlerinages multipliés et bénis ! Pas une circonstance pénible, néfaste ou douloureuse, pas une difficulté, si bénigne soit-elle, qui ne provoque une ascension au mont du miracle. Là, tout est lumière, force, espoir et consolation !... Que souvent la consécration première du jeune Henri y fut renouvelée ! Lui - même y viendra chercher secours au moment des grandes luttes, des solennelles décisions, et jamais, jusqu'au soir de sa vie, il ne parlera de Fourvière sans émotion et presque sans larmes ! Ce nom seul était pour lui toute une histoire, faite des souvenirs les plus vivants....

Mme Marthoud avait encore sa vieille mère, et chaque jour la vénérable aïeule venait prendre sa place à la table de ses petits - enfants, heureuse de s'égayer encore avec eux et de partager quelquefois leurs charmantes espiègleries. Seulement, le soir venu, elle regagnait sa demeure, emmenant avec elle son petit Henri, bien fier, lui, d'être l'hôte et le gardien de

Bonne Maman. On s'en allait bras-dessus bras-dessous, ou la main dans la main ; et , tantôt chemin faisant, tantôt pendant la veillée, que l'on prolongeait un peu à la maison, la vénérée grand'mère contait à son petit-fils quelque histoire du temps passé. Et certes, elle en savait de nombreuses, car elle avait traversé les jours de la Révolution, connu la *Terreur*, vu l'échafaud dressé en permanence, entendu les cris des forcenés qui faisaient la ronde en ville pour ramasser des victimes... Elle avait donné asile à plusieurs prêtres, poursuivis et fugitifs... La Révolution finie, elle avait eu le bonheur d'incliner son front sous la main bénissante de Pie VII, descendant à pied la colline de Fourvière, jusqu'à l'Antiquaille... Tout cela datait de plus de quarante ans ; mais les souvenirs de la vénérable aïeule étaient encore si précis et si vivants, qu'elle n'était jamais à court de ces émouvants récits , qui faisaient passer dans l'âme de son petit - fils toute l'ardeur de sa vieille foi.

Voilà l'atmosphère dont fut enveloppée la première enfance du futur abbé de Notre-Dame-des-Neiges.

Une nouvelle phase allait commencer.

Les sœurs de Henri avaient été placées dans

un pensionnat de fondation récente, établi sur
la colline des Chartreux. Cette maison d'éducation se recommandait déjà à la confiance des
familles chrétiennes, aussi bien par la sainteté
de ses fondateurs que par le vrai mérite des
religieuses qui en avaient la direction.

Nous voulons nommer l'*Institut de l'Adoration perpétuelle du Sacré-Cœur*, avec lequel,
à un moment donné, Dom Polycarpe devait
contracter les liens les plus intimes. En attendant, il reçoit au monastère un accueil si bien-
veillant, quand il va visiter les heureuses pen-
sionnaires ses sœurs, que sa naïveté caresse
l'illusion de venir bientôt les y rejoindre.

Un jour, où il avait été plus entouré, plus
gâté peut-être par l'excellente et digne supérieure du couvent, comme il s'en allait, tra-
versant les grands cloîtres qui conduisaient à
l'église de Saint-Bruno, Henri rencontra
M. l'abbé Besson et fut interpellé de la sorte
par le digne ecclésiastique.

« Êtes-vous en pension, mon ami ? — Non,
Monsieur, je suis trop petit. — Où irez-vous
quand vous serez un peu plus grand ? — Au
Sacré-Cœur, Monsieur ! — Au Sacré-Cœur ?
mais ce sont les petites filles qui vont chez ces
dames. » Henri, surpris, déconcerté, ouvrit de

grands yeux sur son interlocuteur, lequel lui pressant affectueusement la main, continua : « Les petits garçons vont chez les prêtres, ils viennent chez moi.... » L'enfant ne répondit rien et se contenta de regarder beaucoup le Monsieur, comme il l'appelait. Mais l'horizon s'éclairait devant lui, sous cette parole entendue presque par hasard ; Henri s'inscrivait, par l'adhésion du cœur, comme futur élève des Chartreux. Il ne serait pas trop éloigné de ses sœurs et il pourrait les voir souvent ; cette pensée le rendait heureux.

Toutefois l'enfant, dont les douces et chaudes affections du foyer épanouissaient le cœur et l'âme, devait payer un premier tribut aux dou- leurs d'ici-bas, en voyant partir pour le ciel la plus jeune de ses sœurs. Marie, âgée de neuf ans, avait été ramenée du pensionnat ; une affec- tion au cœur minait lentement cette ardente et sensible nature. Le mal fit de tels progrès qu'on le reconnut bientôt sans remède. Aussitôt les parents très chrétiens de la petite fille se préo- cupèrent de son âme ; un prêtre fut appelé et jugea qu'elle était assez instruite pour faire sa première communion. Il y eut donc un jour, tout proche de celui de l'agonie, qui fut pour l'enfant mourante et pour tous les siens comme un rayon des clartés éternelles. La petite malade vit sa chambre transformée en sanctuaire, et son lit en une sorte d'autel dont elle-même était le tabernacle vivant. Henri était là, attentif, tenant le cierge bénit que la main défaillante de sa sœur lui abandonnait ; tout heureux de cette splendide fête, le pauvre enfant n'en prévoyait pas le triste et douloureux lendemain.

On était au mois de novembre 1833, Marie s'en alla rejoindre les premiers nés de cette famille, dont tous les membres, d'une manière ou de l'autre, devaient appartenir à Dieu. Henri pleura beaucoup ; il perdait la compagne de ses jeux, la confidente de ses secrets enfantins, car si les deux aînées de ses sœurs avaient leur part intacte de sa tendresse, celle-ci, plus rapprochée de lui par l'âge, en avait toute l'intimité. Jamais il n'en perdra le souvenir.

Cependant le Bon Dieu tenait en réserve une sorte de compensation à cette dure épreuve. Quelques jours s'étaient à peine écoulés que Henri séchait ses larmes pour sourire à une nouvelle petite sœur, qui prenait à la fois et le nom et la place de celle que le Bon Dieu venait de rappeler à Lui. Quatre ans plus tard, le 29 juin 1837, la famille se complétait par la naissance d'un dernier fils qui reçut le nom de Louis Pierre Marie.

Pour le moment , les deux aînées, Elisa et
Marguerite, reviennent successivement au foyer,
imprégnées l'une et l'autre de cette éducation
virilement chrétienne, commencée sur les genoux maternels, continuée au Sacré-Cœur, qui
ne devait connaître ni fluctuations , ni défail-
lances.

Ensemble elles vont partager les sollicitudes de leur pieuse mère et se faire les premières éducatrices des trois plus jeunes de la
famille. Quels soins touchants , quels efforts
soutenus pour mener à bonne fin cette tâche
aussi douce que laborieuse ! Elisa surtout, plus
forte de santé, saura dépenser tous les trésors
de son intelligence et de son cœur pour éveiller dans ces âmes d'enfants le goût et l'attrait
des choses de Dieu. Dom Polycarpe n'évoqua
jamais ces souvenirs lointains sans y rattacher
le germe de sa vocation et bénir l'influence précieuse qu'avaient exercée ses sœurs sur la première période de sa vie.

§ II. — L'Institution des Chartreux ; — Henri Marthoud y **entre**
     comme élève ; — sa première communion ; — trait de
     pieux dévouement ; — premiers amis ; — mort de Made-
     moiselle Elisa Marthoud,

L'heure de quitter la famille arriva, pour le
jeune Henri, avec l'âge où devaient commencer
les études auxquelles son père désirait l'appliquer. Il fut placé à l'Institution des Chartreux
en 1835, au moment où l'abbé Hyvrier en était
nommé directeur. Il allait assister à la transformation et au développement de cette maison
qui, modeste école cléricale au début, devait
croître et devenir le florissant collège si connu
dans la région lyonnaise et au-delà.

Ce que voulaient les maîtres du jeune élève,
nous aimons à l'insérer ici tel qu'ils l'ont déclaré.
Leur ambition était « d'appliquer les idées chrétiennes à cette grande chose qu'on appelle l'éducation, d'inspirer avec l'amour de Dieu et le respect de l'âme, l'admiration pour tout ce qui est
vrai, beau, noble et désintéressé, pour tout ce qui
peut allumer dans un jeune cœur le feu sacré,
c'est-à-dire l'enthousiasme des purs dévoûments à Dieu, à l'Église, à la Société, à la Pa-

trie. » C'est M. Hyvrier lui-même qui traçait
ce programme vraiment digne d'un grand cœur
de prêtre (1).

« A l'œuvre ainsi conçue, le vénérable abbé,
écrivait-on le lendemain de sa mort, appli-
qua des facultés éminentes d'administrateur,
qui eussent été au niveau des plus hautes po-
sitions. Il voyait juste et grand ; il voulait avec
force et souplesse, il eut surtout le talent ou
le don de ce que l'on pourrait appeler la con-
centration, et qui consistait chez lui à faire con-
verger vers son œuvre, comme vers un centre,
les actions et les démarches qui en paraissaient
le plus éloignées. Entraîné par la nécessité de
sa charge dans un cercle de relations de jour en
jour plus étendues, il y portait la préoccupation
de sa chère institution. Très recherché dans la
société lyonnaise, qui aimait son grand air et
la parfaite distinction de ses manières, bien accueilli et écouté dans le monde officiel à cause
de la sagacité de ses vues, hautement estimé

(1) M. Hyvrier est mort le 25 janvier 1891, à l'âge de quatre-vingt-deux ans, dont près de soixante ont été consacrés
à une seule œuvre, l'éducation des jeunes gens, dans une
seule maison, l'Institution des Chartreux.

el distingué par un grand nombre d'évêques
pour son intelligence des grands intérêts de
l'Église, il ne se déroba point, persuadé qu'il
y avait là, pour sa maison, un appui et une source de légitime influence... Inspirer de la piété
aux élèves fut un des soins les plus constants
de l'éducation qu'il leur donnait. Après la piété,
qu'il voulait raisonnable et raisonnée, coura-
geuse, charitable, il désirait leur inspirer le
goût des choses de l'esprit, puis la politesse et
les bonnes manières. Pendant près de soixante
ans, il a redit ces éternels lieux communs de la
bonne éducation, laissant des souvenirs impé-
rissables au cœur de toutes les générations.»

M. Hyvrier fut secondé dans son œuvre par
la société des prêtres de Saint-Irénée dont il
faisait partie et par un personnel de choix qu'il
avait su recruter et former. Il suffira de nommer parmi eux, Mgr Thibaudier, archevêque
de Cambrai, et Mgr Gonindard, archevêque de
Rennes, qui durant de longues années furent
professeurs et directeurs du collège.

D'autres plus modestes, et dont la renommée
n'a pas franchi les limites du diocèse de Lyon,
n'exercèrent pas une influence moins profonde
et moins heureuse sur les jeunes gens groupés

autour d'eux. Signalons M. Mutin et M. Girin, deux noms restés en vénération dans la mémoire de Dom Polycarpe.

M. Mutin, nature d'artiste, délicate, sympathique, attirait doucement et profondément à lui les enfants, ouvrait les cœurs et sans effort leur inspirait l'amour de Dieu qui débordait de son âme. On a pu juger de l'influence qu'exerçait cet éminent directeur par le nombre des vocations religieuses ou sacerdotales qui se manifestèrent, pendant cette période, au collège des Chartreux. Ce n'était pas sans édification, et parfois sans émotion profonde, qu'on voyait, presque chaque année, se détacher des deux cents jeunes gens qu'abritait alors l'Institution, quelques âmes d'élite déterminées au sacrifice et prêtes à tous les dévoûments.

M. Girin enseignait la philosophie. Très jeune encore, il s'attirait le respect, la confiance de ses élèves par la dignité de ses manières, par la maturité de sa pensée et la sûreté de son jugement. Sa parole revêtait un caractère de haute et sereine autorité parce qu'elle était calme toujours et réfléchie. Bien vite, il faisait de ses élèves des disciples attentifs, des amis dévoués ; c'est que, sous un aspect un peu froid, il cachait un cœur riche de générosité et de tendresse. Nul n'a jamais connu une amitié plus fidèle ou plus constante. Ceux qu'il aima, il les aima comme le Divin Maître jusqu'à la fin.

Henri Marthoud avait exactement huit ans quand il fut remis aux mains de ces habiles maîtres pour être façonné par eux pendant une période de dix années. Doué d'une intelligence ouverte surtout aux études sérieuses, il eut toujours le goût du travail ; aussi dès le début se plaça-t-il dans les premiers rangs de sa classe pour ne jamais les céder.

En 1838, il fit sa première communion dans l'église de Saint-Bruno. A cette époque les élèves de l'Institution assistaient encore aux offices de la paroisse, les dimanches et les jours de fête. Le souvenir particulier gardé de cette circonstance de sa vie, est le recueillement tout angélique dont il se montra enveloppé pendant cette sainte journée. Dès cette première rencontre, Notre-Seigneur semblait le préparer à cette vocation de solitude et de silence qu'il lui réservait.

M. l'abbé Mutin, directeur spirituel du pensionnat, avait inauguré une petite société où n'étaient admis que les élèves qui se distinguaient par leur bonne conduite et leurs sentiments pieux. C'était comme un prélude aux

Congrégations en honneur de nos jours dans tous les établissements religieux. Donner le bon exemple à ses condisciples, ramener dans la bonne voie, par l'apostolat du bon conseil, ceux qui tendaient à s'en éloigner, tel était le but de cette sorte de ligue dont la vraie piété faisait la force. L'amour du Très Saint Sacrement et une tendre dévotion envers la Sainte Vierge en étaient les pivots. C'est ainsi qu'on vit s'établir parmi les associés, entre autres usages, celui de se succéder en adoration au pied du Saint Tabernacle pendant tous les instants consacrés chaque jour au jeu ou au délassement, et il n'y eut jamais de vide, jamais d'absence, dans cette cour d'honneur faite au Divin Prisonnier.

Henri Marthoud fut enrôlé de bonne heure dans cette pieuse milice. Promu aux charges de confiance, il remplit pendant plusieurs années celle de sacristain toujours conférée au plus digne. Cette fonction avait tous les attraits du jeune élève ; orner les autels, entretenir la lampe du sanctuaire, veiller à l'ordre du saint lieu et approcher ainsi de plus près Notre-Seigneur faisait ses délices. Toutefois il ne bornait pas là son zèle, mais savait encore mettre son sympathique caractère au service de la

petite société en faisant le bien autour de lui.
Un exemple donnera l'idée de l'influence qu'il
exerçait par l'affection.

Henri n'était encore qu'un simple élève de
troisième, lorsqu'arriva dans cette classe un
jeune homme de quinze ans quelque peu étourdi
et insubordonné. Il sortait d'un pensionnat sé-
culier dont le milieu ne donnait pas aux sollicitudes de sa pieuse mère toutes les garan-
ties désirables au point de vue chrétien.

M. Hyvrier, très soucieux de garder intact à
son Institution le bon esprit qui en faisait le
caractère, avait hésité beaucoup à admettre un
élève de cet âge et de cette nature. Toutefois l'éminent Directeur avait été vaincu, dans
son hésitation, par la foi de cette mère, lui de-
mandant de faire de son fils un vrai chrétien.

Les débuts furent difficiles, et le nouveau venu
ne tarda pas à attirer contre lui toutes les sévé-
rités de la discipline, par sa légèreté et son
esprit d'insubordination. Un jour, signalé par
M. le Supérieur à toute la Communauté réunie,
il crut bien qu'il allait être renvoyé. L'amitié du jeune Henri Marthoud le sauva. Celui-ci
en effet, s'était pris d'affection et de pitié pour
ce nouveau condisciple. Ensemble à peu près
partout, faisant partie du même carré au réfec-

toire, émules de jeux aux récréations, leurs rapports étaient devenus naturellement fréquents, et Henri ayant'reconnu que tout n'était pas mauvais dans cette nature légère, raisonneuse, ennemie encore du joug, s'était attaché au nouvel élève et était devenu son ami. A ce titre il put se montrer empressé envers son jeune camarade et lui rendre les petits services que rendent aux nouveaux venus les anciens de la maison, et surtout il sut glisser à propos quelques bons conseils, de ces conseils qui semblent tomber comme par hasard et qui font tant de bien à une âme droite.

Il n'en fallut pas davantage pour amener l'indiscipliné à une conduite plus sage, et le réconcilier avec l'autorité. La transformation fut si complète que non seulement l'étudiant de troisième resta aux Chartreux, mais en devint un élève modèle et distingué. Plus tard il a été un de ces hommes de foi qui savent garder sans défaillance, et affirmer en toute rencontre, au foyer et au dehors, les principes religieux qui ont fortement trempé leur éducation. Ainsi, c'était déjà par la bonté que Henri Marthoud faisait le bien, et toute sa vie il usera de ce moyen d'action.

Ceux qui le connurent alors nous disent qu'il

était fort timide et peu communicatif ; il recevait les confidences sans en faire lui-même,
sachant garder intacte la force de son âme.
Cependant, et malgré sa grande réserve, Henri
contracta de douces et fortes amitiés parmi ses
condisciples. L'un d'eux, celui qui l'a le plus
connu et le plus aimé, a écrit à ce sujet une
note que nous nous faisons un pieux devoir de
reproduire ici.

« Notre bon vieux temps des Chartreux s'en-
cadre de novembre 1841 à avril 1846. Les deux
premières années furent employées à nous
connaître, à nous choisir... Dès la fin de 1843,
notre petit groupe d'amis était formé : nous
étions quatre (1), unis par les liens d'une amitié
forte, généreuse et sincère. Quelques - uns
avaient en dehors du groupe d'autres relations
personnelles, mais notre *quatuor* n'en conservait pas moins sa cohésion. La communauté de
vie dans cette bonne maison des Chartreux, la
sympathie, le souvenir des services rendus, et
ce mouvement naturel qui poussait nos âmes à

(1) M. Eugène Moural, juge à Grenoble ; M. Jayet, négo-
ciant à Saint-Chamond ; M. Alfred Braquet, officier de ma-
rine ; Henri Marthoud, abbé de la Trappe,

se rechercher, n'étaient pas les seules causes de notre union. Il y en avait une autre plus fondamentale, c'était la ferme volonté de nous faire du bien par la pratique de la vertu. C'est pourquoi nous avions placé notre amitié sous la sauvegarde de l'amour de Dieu. Une lettre de l'abbé Tisseur, écrite en juillet 1856, donne une idée très exacte de ce qu'était cette ligue d'amis. M. l'abbé Tisseur était un jeune professeur de l'Institution, de quelques années seulement plus âgé que nous : imagination vive, cœur ardent, âme tendre, il nous aimait comme si nous avions été ses condisciples.

» La pensée de Dieu, écrivait-il, doit nous dominer malgré nous,... la pensée de Dieu empêche que celle des amis se perde. Je vous l'ai dit, je vous le redis encore, croyez - moi, tenons - nous unis à Dieu, ne nous séparons pas de Lui, si nous voulons rester fidèles au souvenir de nos amis. Priez , priez beaucoup,... vous êtes si près d'une chapelle où Dieu réside... »

Les amitiés auxquelles président de tels sentiments sont de celles que les maîtres peuvent bénir et encourager, car elles mènent à la vertu par l'émulation.

En dehors de cette influence des amis de son âge, Henri en subissait une autre, non moins salutaire, c'était celle de trois condisciples de beaucoup ses aînés, et dont la vertu, comme la vocation sacerdotale, lui était une sorte de protection. De ceux - ci, deux sont morts depuis assez longtemps ; c'étaient, — qu'on nous permette de les nommer pour rendre hommage à leur mémoire, — M. l'abbé Padey, missionnaire au Texas, et M. l'abbé Durand, qui fut longtemps l'aide dévoué de M. Hyvrier, et qui devint ensuite le deuxième curé de la paroisse du Bon-Pasteur, laquelle doit à son zèle infatigable sa nouvelle église, assise, comme dans un bouquet de verdure, sur le côteau de la Croix - Rousse.

Le troisième, dont Dieu bénit visible - ment la verte vieillesse, est M. le Chanoine Vettard, prêtre de la Société de Saint-Irénée. La discrétion nous interdit ici tout éloge, mais pourrions - nous taire que ce vénérable ami de Dom Polycarpe, après avoir été appelé successivement, par l'autorité diocésaine, à la direction du Petit - Séminaire de Montbrison et de l'Institut des Minimes et avoir été promu à la dignité de chanoine honoraire de la Primatiale, a sollicité, dans sa modestie, de

clore sa carrière par l'humble ministère d'au-
mônier d'une communauté religieuse (1) ? Sa
plume, inspirée par une affection que le temps
n'a point diminuée, a fourni l'article nécrologique que la *Semaine religieuse* du diocèse de
Lyon a consacré à la mémoire du Révérend
Père Dom Polycarpe (2).

Tels étaient, pour Henri, les amis des années
de sa vie au collège. Les vacances, qui dis-
persaient le premier groupe, resserraient, au
contraire, les rapports du dernier ; et, si longue,
si remplie, si traversée qu'ait été la carrière
des uns et des autres, aucun n'a pu mettre en
oubli les joyeuses semaines d'août et de septembre passées chaque année à Brindas, aux
environs de Lyon, dans une campagne louée
par la famille Marthoud. Dieu sait quel cordial
et sympathique accueil rencontraient là les jeunes séminaristes ! Aussi, étaient-ils fidèles au
rendez-vous annuel.

Une fois cependant, Brindas ne vit pas arri-
ver, à l'époque ordinaire, le groupe accoutumé.
Un grand deuil planait sur la famille de Henri...
Mlle Elisa, l'aînée de ses sœurs, venait de mou-

______

(1) Maison-Mère des Religieuses de St-Charles, à Lyon.

(2) Voir le document à la fin du volume.

rir, le 18 août 1844, dans sa vingt-sixième année.
Vœux, larmes, prières, tout avait été impuis-
sant pour arracher cette victime à la mort !
Pourquoi ne le dirions-nous pas, la pieuse jeune
fille s'était offerte en sacrifice au Bon Dieu, et
le Bon Dieu semblait avoir accepté son offrande.
Ame essentiellement aimante, Élisa Marthoud
affectionnait les siens avec une sorte de passion, et à la manière des saints, c'est-à-dire jusqu'au dévoûment absolu. Depuis sa sortie du
Sacré-Cœur des Chartreux, elle s'était initiée
à tous les secrets de la vie de famille pour aider
son père et sa mère, et les consoler dans les
épreuves qu'il plut à la Divine Providence de
leur envoyer.

Toutefois, ce qui la préoccupait au-dessus de tout, c'était le salut et la sanctification
de tous ces êtres aimés. Henri surtout, qui
allait atteindre sa dix-septième année, était
l'objet des sollicitudes inquiètes de cette
pieuse sœur. Que deviendrait-il ? Echapperait-
il au danger d'une carrière qui, l'entraînant
loin du foyer, menacerait sa foi ? Franchirait-
il sans péril cet âge où les passions font som-
brer tant de vertus précoces ?... Ces incertitudes tourmentant son âme, elle en arriva à un
acte héroïque. C'était au mois de janvier 1844 ;

elle fit à Dieu cette prière : « Si, pour que Henri
ne se perde pas il vous faut ma vie, prenez-
là !... »

Six semaines s'étaient à peine écoulées
qu'un refroidissement subit forçait la jeune
fille à s'aliter. Le médecin, appelé dès l'apparition du mal, déclara se trouver en présence
d'une phtisie galopante dont il redoutait le dé-
noûment fatal. Cinq mois durant, en effet, on
vit la pauvre enfant languir et s'éteindre peu
à peu, minée par la fièvre et une toux continuelle, donnant à tous, pendant ces jours de
cruelles souffrances, l'exemple d'une inaltéra-
ble douceur et de la plus parfaite résignation.

Enfin l'heure si redoutée arriva, et tandis
que le prêtre parlait du ciel à la pauvre malade
son âme quittait la terre.

Inutile de chercher à peindre la désolation
de la famille Marthoud, au moment de cette
mort. Henri surtout paraissait abîmé dans
une profonde douleur, près des restes de cette
sœur tant aimée. Dieu seul sait quelle émotion
fut la sienne en cette circonstance. Il passa les
deux nuits qui précédèrent les funérailles près
de cette chère dépouille, en compagnie de
quelques amis qui vinrent joindre leurs larmes
et leurs prières aux siennes. Les funérailles

eurent lieu le 20 août, fête de saint Bernard,
jour qui allait bientôt et pour toujours devenir
doublement mémorable au futur disciple du
grand abbé de Clairvaux.

§ III. — Classe de philosophie ; — Le père Lacordaire à Lyon
et le Tiers-Ordre de saint Dominique; — Indécision; —
Départ pour la Trappe.

Le cœur ainsi brisé par la mort de sa sœur,
Henri commença en octobre son année de philosophie, année qui devait laisser dans son
âme des souvenirs et des traces ineffaçables.
C'est ce que l'on comprend facilement quand
on pense que l'éminent professeur de cette
classe de philosophie était M. l'abbé Girin,
lequel conduisait régulièrement ses élèves au
cours du célèbre M. Noirot. C'était bien le
meilleur couronnement que l'on pût donner à
une période d'études qui avait duré neuf ans
complets.

Mais l'évènement qui marqua surtout cette
année 1845, et laissa une impression profonde

dans l'esprit de Henri et de ses amis, ce fut la prédication du Père Lacordaire, pendant la station du carême.

La parole du célèbre dominicain qui, depuis quelques années, faisait vibrer d'enthousiasme toute la jeunesse parisienne, ne fit pas moins tressaillir à Lyon les étudiants chrétiens. M. Hyvrier n'eut garde de tenir à l'écart ses élèves de philosophie. Il leur fit suivre assidûment l'incomparable conférencier dont la sainteté autant que l'éloquence subjuguait si vivement les âmes.

« Je le vois encore, écrivait plus tard l'un des amis de Henri Marthoud et son voisin sous la chaire de Lacordaire, je le vois le corps droit et élancé, l'attitude d'abord simple et modeste comme celle d'un moine du Fiesole sur les murs de Saint-Marc ; dans ce beau costume de religieux ; robe de laine à plis larges et lourds, qui absorbe la lumière et éteint les reflets ; la parole nette, brève, le mot vif, la phrase coupée, sans qu'un lieu commun vînt jamais l'affaiblir, il nous tenait tout yeux et tout oreilles, jusqu'au moment où tout à coup, son geste grandissant, sa voix sonnant comme une trompette, il enveloppait l'auditeur dans quelque

mouvement sublime, et, semblable à l'ange de
l'Apocalypse, nous enlevait par les cheveux (1).»

Le Père Lacordaire profita de cette station,
qui avait suscité un si grand enthousiasme autour de lui pour fonder le Tiers-Ordre de Saint-
Dominique, dans lequel il vit s'enrôler immédiatement l'élite de la jeunesse Lyonnaise. Henri
fut du nombre des nouveaux associés, avec plusieurs de ses amis, et ensemble ils eurent l'honneur d'être reçus par le Père Lacordaire lui-
même, qui leur donna à chacun un nom par
lequel ils devaient s'appeler dans leurs réunions intimes. Pendant quelques temps, après
la sortie des Chartreux, les assemblées se tin-
rent chez l'abbé Tisseur que tous nommaient
leur bon frère Prieur. Elles avaient lieu le premier dimanche du mois ; « et leur but était de
nouer entre les associés un lien de plus, lien de
croyances, de prière et d'amitié (2) », toutes
choses, certes, bien nobles et bien dignes de
telles âmes.

Toutefois cette année si féconde en travail

(1) *Joseph Pagnon*, par Clair Tisseur, page 222.
(2) Ibid. page 224.

intellectuel et spirituel fut marquée aussi, pour Henri, d'une déception imprévue. Il subit un échec à l'examen du baccalauréat, alors que tout présageait pour l'excellent élève le plus complet succès. Ce contre-temps éleva cette nature au lieu de l'abattre. Indécis sur sa carrière, ne voulant pas du monde, redoutant le sacerdoce, Henri se prit à bénir la Providence qui lui donnait quelques mois encore pour réfléchir.

Les vacances passées, il reprit son travail chez lui, pour se présenter à une nouvelle session. Pendant ce temps, il échangea avec ses maîtres et avec ses condisciples des Chartreux les rapports les plus intimes et les plus fréquents. Parmi ceux-ci, quelques-uns, qui faisaient leur théologie au noviciat de la maison des Chartreux tendaient les bras à leur jeune ami, qu'ils voyaient si bien fait pour Dieu. A ces avances, Henri ne répondait que par d'anxieuses temporisations. Le prêtre et le missionnaire pour lui étaient encore trop près du monde; il rêvait la vie religieuse.

L'Ordre des Frères Prêcheurs auquel il était déjà affilié l'aurait attiré; il en parle dans une de ses lettres; mais il ne se reconnaissait pas, disait-il, assez de talent. Les Franciscains al-

laient mieux à sa modestie. Toutefois, plein de
confiance en Dieu, qui ne manque jamais d'é-
clairer les âmes qui cherchent et veulent la lumière, il attendait patiemment la grâce décisive
qui dissiperait enfin ses incertitudes. Le Bon
Dieu aurait-il pu oublier qu'une victime s'était
immolée pour cette âme ? En attendant Henri
multipliait ses pèlerinages à la sainte colline
de Fourvière et à Loyasse, se montrant dans
la famille fils très soumis et affectueusement
respectueux. Aucun plaisir du monde ne l'attirait, son unique distraction était de monter
aux Chartreux revoir son collège, ses maîtres,
ses amis, et d'assister aux réunions intimes des
frères du Tiers-Ordre de saint Dominique.

Un jour l'une de ces fêtes pieuses le retint plus
avant dans la soirée. Il rentra un peu tard, et sa
mère, habituée à être prévenue de ses moin-
dres absences, conçut une inquiétude qu'elle
traduisit à son fils comme une peine. Henri,
sans se justifier, se retira silencieux, puis revint un instant après s'agenouiller aux pieds
de sa bonne mère, et lui demanda pardon de
l'anxiété où l'avait mise son retard. Il commençait ainsi à s'exercer à l'humilité du cloi-
tre, où l'appelaient ses désirs et ses aspirations.

Un dimanche, 29 mars 1846, Henri, plus préoccupé que de coutume, s'en alla chercher à Fourvière le calme dont il avait besoin, et cette lumière trop lente à se faire sur son avenir. De la sainte chapelle, il prit le chemin du cimetière pour aller répandre sur la tombe de sa bien-aimée sœur Elisa toutes les angoisses de son âme. Là, comme à Fourvière, il pria beaucoup ; et c'est pendant qu'il priait, que lui vint subitement l'inspiration distincte qu'il devait être Trappiste !.. Quelle révélation inattendue !

Pour Henri, en effet, les Trappistes étaient des inconnus dont il avait à peine ouï parler, en style presque légendaire, par l'abbé de Géramb. Emu, presque bouleversé, mais se sentant plein de courage, il se lève sous ce coup soudain, et rentre immédiatement chez lui, bien décidé. à suivre sans délai le mouvement qu'il vient de recevoir. Chemin faisant, Henri Marthoud se demande quel est le monastère de la Trappe où il ira frapper, car il n'en connaît aucun. Or, le soir de ce même jour tombait sous sa main la *Vie du P. Marie Ephrem*, jeune religieux trappiste, mort en odeur de sainteté à Aiguebelle, quelques années auparavant.

Ouvrir la notice, la parcourir rapidement et y chercher le moyen d'arriver à Aiguebelle furent la première pensée et le premier soin de Henri. Il vit, dès la première page, que l'abbaye d'Aiguebelle est près de Montélimar, et il arrêta immédiatement que dès le lendemain il partirait pour cette dernière ville.

En effet, le lendemain, 30 mars, à neuf heures du matin, Henri quittait le toit paternel. Mais une crue du Rhône ayant suspendu le service des bâteaux à vapeur ce jour-là, il fallut remettre le départ au 31 mars. Le postulant nous racontera son voyage, ainsi que sa réception au monastère. Voyons, en attendant, ce qui se passa dans la famille après cette disparition imprévue.

La journée de ce 31 mars touchait à sa fin, et, chose étrange, Henri n'avait pas paru au foyer. La matinée, l'après-midi même, on l'avait cru retenu aux Chartreux. Plus tard, à travers une grave inquiétude, on se plaisait à supposer qu'il avait dû être convoqué à l'une des prédications du soir, puisque c'était un mardi de carême. Jusqu'à neuf heures et demie, père, mère et sœur attendirent sans trop d'anxiété. Mais la veillée s'avançait, les heures succédaient aux heures et Henri ne rentrait pas...

Qu'était-il arrivé? Toutes les conjectures et toutes les angoisses s'entrecroisaient dans le cœur et l'âme de ces pauvres parents. On allait et venait, écoutant toujours si le bruit de ses pas ne se ferait pas entendre. On avait visité sa chambre plusieurs fois déjà, cherchant à y découvrir quelque indice du secret de cette absence. Sa mère et sa sœur y revenaient sans cesse. Tout à coup, elles aperçoivent, sur sa table de travail, dissimulé par quelques volumes, le portrait de Henri ; elles saisissent cette image qu'elles croient devoir leur parler ; et, surprise ! trouvent là une lettre portant pour adresse : A mes Parents bien aimés ! Quel frémissement ! Que va-t-elle leur apprendre ? Henri n'a jamais éveillé aucun doute dans l'esprit des siens ; mais il peut surgir tant de surprises dans la vie d'un jeune homme de dix-neuf ans !

Avec une sorte de mystère, et dans un style tout plein de respect, Henri demande pardon à ses parents du chagrin qu'il leur cause à l'heure présente... S'il les quitte, c'est pour être plus digne d'eux et les retrouver tous plus sûrement au Ciel, près d'Élisa, sa sœur si aimée et si regrettée... Mais aucune indication n'est donnée sur le choix de sa retraite. Il réclame instamment qu'on ne s'inquiète pas, qu'on ne le cherche pas et promet d'écrire aussitôt arrivé au lieu qu'il a choisi... Rien ne lui manque, dit-il, il a même assez d'argent pour subvenir à ses frais de voyage... Un petit billet à part est adressé à sa plus jeune sœur, au pensionnat du Sacré-Cœur; cet adieu, témoignage de tendresse particulière, lui est donné à raison de son éloignement du foyer et aussi, peut-être, en prévision d'un même appel à la vie religieuse.

La nuit s'acheva dans les larmes et la prière. Il était parti !.. et sans adieux, ce fils bien-aimé, objet de tant d'espérances ! Où avait-il porté ses pas ? Le lendemain, dès l'aurore, la maison des Chartreux était la première informée de ce départ ; n'était-elle pas comme la seconde famille du fugitif ? M. Hyvrier, comme tous les anciens maîtres et les disciples de Henri, furent stupéfaits : pas une parole, pas même une allusion ne leur avait fait pressentir cette brusque décision.

Chacun s'empresse de recourir à tous les renseignements possibles. On va chez les Capucins, chez les Carmes..., les supérieurs sont interrogés..., tous répondent qu'aucun postulant ne s'est présenté chez eux. Le directeur spirituel de Henri est aussi surpris que les autres; mais, comme M. Hyvrier, il rassure la pieuse mère sur cette détermination, dont la cause et le but ne peuvent être que surnaturels.

Un moment l'idée d'un départ pour les missions se fait jour, on pense que son ami du Texas l'aura appelé. Mais, dans ce cas, les ressources pour un si long voyage doivent lui manquer, et il n'aura pu se rendre qu'à Paris, au Séminaire des Missions étrangères. M. Hyvrier, auquel on communique cette idée, se prête volontiers à faire des recherches dans la capitale, et il écrit aussitôt à M. l'abbé Plantier, qui prêchait en ce moment à Notre-Dame-des-Victoires.

Trois jours s'étaient ainsi écoulés, dans une fièvreuse attente, lorsque le samedi, 4 avril, arriva une lettre datée du monastère d'Aiguebelle, près de Montélimar.

La lumière était faite. Henri Marthoud s'était enfermé à la Trappe.

AIGUEBELLE

CHAPITRE II

AIGUEBELLE

1846-1858

§ I. — La Trappe ; —
Aiguebelle ; — Henri Marthoud postulant.

La Trappe !... Ce mot a le don d'éveiller les
idées les plus étranges dans l'esprit des gens
du monde. Pour le grand nombre *trappiste* est
synonyme d'homme, à la fois découragé et exalté,
que les mécomptes et les chagrins ont conduit
tout-à-coup au désert, pour y mener une vie
cruelle et sauvage, se nourrir de racines et de
pain sec, enlever chaque jour une pelletée de
terre à l'endroit qui lui servira plus tard de

tombeau, soupirer et gémir tristement en forme de prière, passer, morne et austère, en disant : « frère, il faut mourir !... » Pour beaucoup, telle est la vie de la Trappe !

C'est tout simplement de l'histoire à la façon dont l'arrangent les faiseurs de romans. Elle peut être suggestive, mais elle n'est pas vraie.

Ceux qui vont à la Trappe ne sont pas ordinairement les désenchantés, les blessés ou les meurtris que l'on croit. Sans doute, il y a quelquefois des âmes qui sont jetées dans le cloître par un grand malheur, par une disgrâce éclatante, par la perte d'un être passionnément aimé ; et l'on pourrait en citer des exemples touchants, mais ils sont infiniment rares.

D'ordinaire l'on va à la Trappe dans le but unique de faire plus sûrement son salut éternel. Les uns y entrent dès la jeunesse, à l'heure où l'on n'a pas encore connu les grandes luttes de la vie, les autres y courent à l'âge mûr, quelques-uns y vont même plus tard, et, sur le nombre il y a peut-être bien des infirmes et des blessés, mais la grande majorité est intacte, parfaitement saine, pleine de force, vaillante et généreuse.

Quant à la vie matérielle que l'on trouve à la Trappe, il est certain qu'elle ne ressemble pas

tout à fait à la vie que l'on mène communément
dans le monde. On n'y est pas sans cesse occupé
à rechercher ses goûts et ses aises, on n'y connaît point les raffinements sensuels qui président aux tables de la bonne chère, mais on y
trouve l'absolu suffisant qui donne au corps
assez de force pour se soutenir, et pas assez
pour l'exposer aux dangereuses séductions
d'une vie trop abondante.

Le trappiste n'est donc pas un homme qui se
suicide petit à petit par des jeûnes inhumains
et des disciplines sanglantes, c'est un chrétien
qui pense que la vie actuelle n'étant qu'une
vie de passage et un moyen d'atteindre la vie
définitive, il serait de la dernière imprudence
de ne pas prendre le chemin le plus sûr et le
plus direct pour y arriver.

C'est ce que le jeune Henri Marthoud écrivait à sa sœur Maria, quelque temps après son
entrée à Aiguebelle : « Tu sais bien qu'il y a
plusieurs chemins pour arriver au ciel ; j'ai
voulu prendre le plus facile, parce que je suis
le plus faible. »

Au fond c'est la pensée qui a suscité la fondation de tous les ordres monastiques, et en
particulier celle du grand ordre bénédictin,
auquel appartient l'ordre de la Trappe.

Peut-être ne sera-t-il pas hors de propos d'en
rappeler, à grands traits, la longue et glorieuse
histoire ? Elle remonte, par son fondateur, à
l'année 480, qui est la date de la naissance de
saint Benoît, le patriarche et le législateur des
moines d'Occident.

D'abord retiré dans le désert de Subiaco au
sortir de Rome où il était étudiant, saint Benoît
finit par s'établir sur le mont Cassin et y fonda
le monastère qui est devenu dans la suite si
célèbre dans l'univers catholique, soit par le
nombre et la ferveur de ses religieux, soit par
les saints et les hommes illustres, papes, car-
dinaux ou évêques qu'il fournit à l'Église.

L'un des religieux du Mont-Cassin, le jeune
diacre Maur, fut envoyé en France, par saint
Benoit, en l'année 545. Il emmenait avec lui
quatre compagnons, et il était porteur d'un
exemplaire de la Règle composée par le saint
patriarche. L'histoire ajoute même que saint
Maur prit avec lui la mesure établie par saint
Benoît pour le pain et le vin servis aux moines.

Après un voyage long et pénible, la petite
colonie, visiblement protégée par la Providence,
put s'arrêter en Anjou et y fonder le premier
monastère bénédictin de France, connu sous le
nom de Glanfeuil. Plus tard, il fut appelé Saint-

Maur-sur-Loire, en l'honneur de son fondateur, et c'est de là que le grand arbre bénédictin s'est étendu , en rameaux nombreux et
puissants, sur la France tout entière.

Peu à peu, dit Montalembert, chaque province
reçut pour apôtres de saints moines qui le plus
souvent étaient en même temps évêques et qui
fondaient à la fois des diocèses et des monastères, ceux-ci destinés à servir comme de cita-
delles et de pépinières au clergé diocésain (1).

Cette expansion générale et les divers besoins
des lieux et du temps provoquèrent d'inévitables modifications dans la vie monastique.

On conservait toujours la règle primitive,
mais on y ajoutait des constitutions particuliè-
res. C'est de là que sont venues les diverses
observances connues sous le nom de Cluny, de
Saint-Maur, etc....

Après les modifications , fort légitimes et
louables, vint le relâchement, cette inévitable
misère de la faiblesse humaine. L'herbe mauvaise, qui empêche le bon grain de croître libre-
ment et de grandir, s'était introduite dans le
champ monastique. Il fallut l'extirper et pratiquer des réformes. La plus célèbre fut celle

(1) *Les Moines d'Occident*, tome II, p. 254.

de *Cîteaux*, établie par saint Robert au diocèse de Châlons, en l'année 1098.

C'est là que vint se retirer en 1117, avec trente de ses compagnons, un jeune seigneur de Bourgogne, qui s'appelait alors Bernard de Fontaine, et qui est devenu plus tard l'honneur de l'Ordre Cistercien et l'une des plus grandes gloires de la France et de l'Église, sous le nom de saint Bernard, abbé de Clairvaux.

Parmi les fondations que dut faire Cîteaux, à la suite des nombreuses vocations que sa réputation de ferveur avait provoquées, l'une des plus importantes, après Clairvaux, fut celle de Morimond, au diocèse de Langres. La nouvelle abbaye donna elle-même naissance à plusieurs monastères, et entre autres, à celui d'Aiguebelle, situé à environ vingt kilomètres au sud-est de Montélimart, dans le diocèse de Valence.

Depuis sa fondation en 1045, jusqu'à nos jours, Aiguebelle petite fille de Cîteaux, a eu le sort de beaucoup d'autres abbayes, elle a passé par la gloire et elle a connu l'épreuve.

Il n'entre pas dans le cadre de notre petit travail de faire l'histoire, même résumée, de la célèbre abbaye. Nous nous contenterons de dire que lorsque l'Assemblée Nationale eut

prononcé la suppression des communautés religieuses, Aiguebelle fut vendue, à l'exception
de la forêt que le gouvernement se réserva.

Quant aux religieux, ils durent se séculari-
ser ou prendre le chemin de l'exil pour échapper aux rigueurs de la tourmente révolution-
naire. Ils se réfugièrent pour la plupart en
Suisse, sous la conduite du célèbre abbé Dom
Augustin de Lestrange (1), et s'établirent à la
Val-Sainte (2), dans la pratique d'une austérité
que n'avaient point connue les premiers pères
de Cîteaux eux-mêmes.

Leur désir était de s'offrir comme des victimes d'expiation en faveur de leur patrie cou-
pable.

Pendant ce temps la Révolution passa, les
guerres de l'Empire s'achevèrent, et le jour
vint où les exilés de tous pays purent reprendre le chemin de la France. De ceux qui étaient
à la Val-Sainte, les uns rejoignirent Dom
Augustin de Lestrange à la Trappe, les autres,

(1) Louis-Henri de Lestrange naquit en 1754, au château
de Colombier-le-Vieux, dans le Vivarais. D'abord vicaire à
Saint-Sulpice de Paris, puis vicaire-général de Vienne, il
venait d'être nommé coadjuteur de Mgr de Pompignan, archevêque du diocèse, lorsqu'il se présenta à la Trappe en
1780, pour éviter le fardeau de l'épiscopat.

(2) Ancien couvent de Chartreux, supprimé depuis 1776.

sous la conduite du Père Etienne, se rendirent à Aiguebelle, que l'on venait d'acquérir pour la somme de 22.000 francs.

On était en l'année 1816, et Dieu sait en quel état de dévastation lamentable se trouvait l'antique abbaye ! La maison tombait en ruine, la plupart des terres étaient en friche, et l'on arrivait là sans provisions aucunes, sans ressources, sauf celle d'une grande confiance en la Divine Providence. Cette confiance ne devait pas être vaine.

Les trappistes se mirent à l'œuvre, et bientôt Aiguebelle reprenait sa vie d'autrefois, avec son titre d'abbaye par l'élection du vénérable Père Étienne à la dignité abbatiale. Celui-ci, qui avait 90 ans au moment de sa nomination, ne garda sa charge que pendant trois ans et donna sa démission en 1837, à cause de son grand âge. Il fut remplacé par le R. P. Dom Orsise, que son amour de la Règle, son aménité de caractère et sa vive piété rendaient également agréable à Dieu, cher à ses frères et à tous ceux qui l'approchaient.

Sous son administration, pleine de sagesse et de fermeté, le monastère prospéra rapidement, et Aiguebelle vit venir de nombreux novices, qu'attirait la réputation chaque jour grandissante de la jeune et fervente communauté.

Comme autrefois à Cîteaux, ils arrivaient de tous pays, de tout âge et de toute condition. Parmi eux se trouva un jour le jeune Henri Marthoud. Tandis que ses parents le croyaient sur la route de Paris, et peut-être sur le point de s'embarquer pour les missions, il prenait bravement le chemin de la Trappe d'Aiguebelle.

Dans la lettre laissée par Henri à ses parents au moment de son départ, il était parlé de Paris, de jour d'embarquement, de désert, d'âme à convertir, toutes choses qui donnaient à entendre que Henri partait pour les missions lointaines. C'était uniquement pour donner le change à ses parents que le pieux jeune homme parlait de la sorte. Il voulait éviter à tout prix que l'on courût à sa recherche et qu'on l'empêchât d'exécuter son dessein. Le petit stratagème réussit à merveille, et lorsqu'on s'aperçut de sa disparition, nul ne soupçonnait le jeune fugitif en chemin pour la Trappe.

Il a fait lui-même l'histoire de son voyage, dans une lettre, datée du 3 août 1846 et adressée à son ami Padey, missionnaire en Amérique. Cette lettre est empreinte de tant de bonne humeur et d'une si cordiale franchise, elle exprime d'une façon si charmante, et quelquefois si pittoresque, l'état d'âme du jeune Henri que nous n'hésitons pas à la reproduire presque en entier. D'ailleurs le moment est venu de faire le récit que contient cette lettre. Nous avons laissé Henri à Lyon et nous le trouvons à Aiguebelle. Comment y est-il venu ? Puisqu'il l'a écrit lui-même, à lui la parole.

« Mon cher ami, que de reproches j'aurais à te faire, si je m'écoutais !... Comment ? tu ne me parles, ni de ton voyage — cependant soixante-cinq jours de mer, cela doit-être intéressant — ni de ta santé, ni de ce que tu fais !... gare à la prochaine fois !... En attendant tu me demandes à moi ce que je fais ; si je suis bachelier ?.., non ; mais je me suis trouvé à la veille de l'être... Clerc de notaire ?... non ; professeur ? pas davantage ; carabin ? non plus ; séminariste ?... non ; capucin ?... non ; pas même batteur de pavé. Que suis-je donc ? cher ami, je suis..., faut-il que je te le dise ?... Quel mot terrible tu vas entendre ! eh bien, je suis *trappiste*, et c'est de la trappe d'Aiguebelle que je t'écris. Ah ! si j'avais pu aller te rejoindre !... Quel bonheur c'eût été pour moi de travailler avec toi à la même vigne, de t'imiter dans ta vie de mission, de méditer et de rêver sur les rives du Mississipi auprès du meilleur de mes amis ! mais... puisque Dieu ne l'a pas voulu, fiat !

» ... D'ailleurs tu sais dans quel état je me trouvais au moment de ton départ, et quelle agitation était la mienne ; tu sais ce que je souffrais des assauts que j'ai eu à soutenir du côté du monde et de moi-même ! Crois-moi, le mal était grand, et le danger aussi ?... Tu me diras qu'il fallait entrer au séminaire pour deux ans, comme tu me l'avais recommandé ; mais non, je ne pouvais pas... je me connais et c'était le moment de me décider à appliquer l'axiome : *aux grands maux les grands remèdes.*

» Un matin donc — le soleil commençait à se lever, et la journée s'annonçait comme devant être fort belle — j'étais monté à Fourvière, j'avais prié pour toi, pour moi ; pour toi heureux, pour moi malheureux ; — c'était le 30 mars, — tu voguais en pleine mer, peut-être en pleine tempête, car il faisait du vent, et beaucoup... en descendant, tandis que la tristesse envahissait mon esprit, je rentre à la maison, je regarde notre portrait ; nous nous donnions la main, nous nous regardions, le sourire sur les lèvres ! C'étaient les adieux de deux cœurs intimement unis et qui ne devaient plus se re-

voir !... que dis-je ? plus se revoir, mais si, nous
nous reverrons un jour ; ne nous sommes-nous
pas quittés pour cela ?...

» ... Je le pris ce portrait, je jetai quelques
baisers fugitifs sur cette image qui m'était si
chère et j'y laissai tomber une larme.... une
larme brûlante.... peut-être y est-elle encore ?
puis j'ai laissé une lettre sous le portrait et je
suis parti, un petit paquet sous le bras, les
confessions de saint Augustin et Pascal dans la
poche. A dix heures j'étais en bâteau — l'Aigle'
n° 3 ; — à quatre heures et demie j'arrivai à
Valence, où j'ai pris, à six heures, la voiture de
Montélimart.

» Comme il était onze heures du soir lorsque
nous sommes arrivés dans cette dernière ville,
j'ai dû coucher à l'hôtel, et le lendemain, parti
de bon matin, après m'être perdu plusieurs fois,
j'arrivai à la fin, tout harassé de fatigue , à la
porte d'Aiguebelle. Au frontispice j'ai lu ces
paroles : *hic est domus Dei* (1), et j'ai frappé.
Aussitôt la porte s'est ouverte, et un homme
m'est apparu qui s'est jeté immédiatement à
genoux. Puis m'adressant la parole : d'où venez-
vous ? — De Lyon ; — vos passe-ports ? — Je

____

(1) C'est ici la maison de Dieu.

n'en ai point ; — votre nom ? J'avais forgé en route mille noms que je devais me donner pour éviter d'être connu, et maintenant aucun ne me venait. Force fut bien de me découvrir, en disant celui qui était naturellement sur mes lèvres : Henri Marthoud, répondis-je. — Que venez-vous faire ? — Visiter le monastère et faire une retraite de quelques jours. — Nous ne pouvons vous recevoir sans passe-port ; les gendarmes viennent toutes les semaines.... Ce que disant mon interlocuteur m'ouvrit la porte, j'entrai, j'y suis encore, et j'espère y être toute ma vie ; c'était le 1er avril....

» Que pense-t-on de moi ?... que dit-on ?... les uns me louent, les autres me blâment.... mais que m'importe ? — moi je suis heureux et content. La vie religieuse comporte des devoirs immenses ; je m'en rends très bien compte, et si dans le monde j'en avais eu connaissance, peut-être aurais-je reculé, mais maintenant, jamais ! Puisque Dieu, dans sa miséricorde m'a choisi cette demeure, j'y resterai toujours ; j'y souffrirai tout ce qu'il y aura à souffrir, la mort s'il le faut, car ici on en a la force, et si on souffre c'est avec joie !... »

Tel est le récit que fit lui-même de son entrée

à la Trappe le jeune Henri Marthoud, et telles furent ses premières impressions sur la vie religieuse.

Il avait alors exactement dix-neuf ans, l'âge des loyales générosités et des nobles entraînements. A dix-neuf ans on n'est plus un enfant ; c'est la jeunesse avec ce qu'elle a de meilleur, si elle n'a pas été prématurément gâtée par le vice. Avoir vingt ans et être pur, n'est-ce pas porter au cœur le trésor dangereux, mais en même temps si nécessaire, qu'on appelle la sainte flamme de l'enthousiasme ? Dans la vie il faut un peu de cette flamme, surtout à l'heure où se prennent les solennelles décisions d'un avenir comme celui vers lequel se sentait attiré notre jeune Henri. Il n'est pas possible qu'une âme à aspirations nobles et élevées ne brûle un jour ou l'autre du feu qui engendre les grandes envolées de l'esprit et les sublimes sacrifices du cœur.

Toutefois l'enthousiasme, au sens où on le prend d'habitude, n'était pas le fond naturel du jeune Henri Marthoud. De cœur chaud et ardent, mais timide et modeste, Henri était en même temps de jugement fort droit et pondéré ; et quand il vint frapper à la porte d'Aiguebelle ce n'était pas à la suite de ce qu'on appelle vulgairement « un coup de tête. » Il l'écrivait lui-même à ses parents , dès le lendemain de son arrivée à la Trappe.

« Ma fuite a dû vous causer bien du chagrin, et je vous en demande très sincèrement pardon. Toutefois ne croyez pas que j'ai agi sous un coup d'exaltation ; oh ! non. Ce n'est qu'après y avoir mûrement réfléchi que j'ai quitté Lyon. Si des raisons majeures sont venues hâter mon départ, ce ne sont point elles qui l'ont décidé. Depuis longtemps, depuis plus d'un an, depuis le commencement de ma philosophie, j'étais résolu à faire après Pâques ce que j'ai fait quinze jours avant. »

Après cette loyale déclaration de pleine liberté et de mûre réflexion le jeune philosophe demande à ses bien aimés parents de lui accorder leur consentement pour essayer de la vie de la Trappe. Afin de les y amener il emploie les arguments donnés à son ami Padey, dont le principal est le grand danger de se perdre s'il reste dans le monde. Puis, leur ayant envoyé les plus tendres embrassements, il ajoute un court mais charmant post-scriptum : « Et au moins, bien aimés parents, n'oubliez pas que j'attends

une réponse et une réponse rapide, bonne ou
mauvaise..., je veux dire *bonne*. »

En effet, la réponse fut rapide, elle vint par
le retour du courrier ; et elle fut bonne. L'excellent M. Marthoud, si grande que fût sa peine,
était trop chrétien pour opposer un refus for-
mel à la demande qui lui était faite. Il répondit
à son fils qu'il consentait à ce qu'il essayât
de la vie de la Trappe.

Henri n'en demandait pas davantage. Aussi
bien la lettre de son père le mit-elle au comble
de la joie, et il voulut lui répondre sur le champ
pour le remercier et lui recommander au moins
de ne pas se mettre en peine de lui, ni de sa
santé, l'assurant qu'il se porte très bien et que
rien n'est « admirable et beau comme la vie de
la Trappe,... C'est une vie de mouvement, de
charité, d'abnégation ; on est toujours ensemble, au travail comme à la prière , c'est tout à
fait ce qui me convient.... et dire que j'aurai le
bonheur de l'embrasser, cette vie, mardi prochain ; et quinze jours après je serai novice !...
Quel bonheur ! »

Celui qui parlait de la sorte ne pouvait être
qu'un bon novice. Il se sentait le goût de la
nouvelle vie dans laquelle il allait entrer, et il
pensait, avec juste raison, que Dieu lui en avait
donné les aptitudes.

§ II. — Noviciat ; — Profession religieuse ; —
Premiers emplois,

L'entrée au noviciat de la Trappe ne rappelle
en rien les airs de grande fête que donne à
certaines entrées en religion l'appareil fastueux
et mouvementé dont on les environne.

Chez les fils de Saint-Bernard, comme d'ailleurs chez tous les ordres ou congrégations
d'hommes, la prise d'habit se passe le plus
simplement du monde ; ce qui ne l'empêche
pas d'être touchante. Le postulant est appelé
dans la salle capitulaire, où sont réunis tous
les religieux, le supérieur lui adresse quelques
mots pour lui rappeler les principales obligations qu'il va contracter ; puis sur sa réponse
affirmative qu'il compte pouvoir, moyennant la
grâce de Dieu, tenir ces obligations, on le
revêt du saint habit et on lui donne un nom nouveau, auquel il devra désormais répondre. Il
semble que l'on veuille par cette suppression
du nom de famille, bien faire sentir au novice,
qu'il doit s'opérer en lui un changement complet par le détachement de tout ce qui pourrait lui rappeler sa vie passée.

Henri Marthoud manifesta le désir de recevoir le nom de Polycarpe, en souvenir de la paroisse où il avait été baptisé. Son désir, trouvé fort légitime, fut agréé et désormais nous ne parlerons plus que du frère Marie Polycarpe.

Il est novice.

Nul ne soupçonne, s'il ne l'a goûté, le charme de la vie du noviciat, de cette enfance religieuse, où l'âme toute désireuse d'aimer Dieu et de l'aimer de tout cœur, se trouve absolument plongée dans une atmosphère où tout porte à cet amour divin et en parle sans cesse.

Tandis qu'à l'état ordinaire, dans la vie du monde, les âmes que ce noble amour a touchées et qui veulent le savourer, se trouvent perpétuellement distraites par mille soucis, par toutes sortes d'inévitables embarras, au contraire l'âme qui arrive dans un cloître et y établit sa demeure, se sent tout à coup comme naturellement jetée en la possession délicieuse de cet amour suave que favorisent le silence, la prière et la mortification, et qu'agrandissent singulièrement les fraîches ardeurs d'un cœur jeune et généreux.

Aussi quelle joie exquise et franche respire à travers chacune des lettres écrites par le frère Marie Polycarpe pendant son noviciat !

Nous voudrions pouvoir les citer en entier,
tant nous les trouvons pieuses et édifiantes ;
mais nous devons être court ; nous nous bor-
nerons donc à quelques lignes empruntées à
une longue épitre adressée le 15 décembre 1846,
à M. Padey, le grand ami de Henri et son confident depuis le collège.

« Du désert d'Aiguebelle... Tu me demandes des nouvelles de ma santé ; je te dirai
qu'elle se soutient à merveille ; je vais bien
mieux qu'à Lyon. J'ai si bon appétit ! voilà qui
va t'étonner, n'est-ce pas, puisque ce sont
surtout les jeûnes qui font la rigueur de notre
règle ; et pourtant c'est la pure vérité... Lorsque j'étais sur le bâteau à vapeur, le 21 mars
dernier, en route pour Aiguebelle, je dois
avouer que j'avais un grand regret, celui de
n'être pas parti avec toi. Car enfin, me disai-je,
la Trappe, c'est un sépulcre vivant où j'aurai,
durant ma vie entière, une chaîne lourde et fort
pesante à traîner... Oh ! alors, oui, je le confesse, j'ai porté envie à ton bonheur de missionnaire.

» Je te voyais, tantôt errant sur les bords du
Mississipi dans l'attente de ton ami ; tantôt
fier cavalier galopant joyeusement à la suite de

Monseigneur Odin, tantôt en pleine expédition parmi les cinq cent mille sauvages qui sont au Texas... Oh ! comme en ce moment j'enviais ton bonheur !... et maintenant dois-je le dire ? je te plains , tant je suis revenu de mes idées premières.

» Je suis sûr que si tu savais combien grande est la joie que je goûte en ma chère solitude, quelles la paix et la douce tranquillité dont je jouis, tu te hâterais de quitter l'Amérique pour venir essayer et savourer les charmes de la pénitence. Non, tu ne peux pas te faire une idée de mon réel bonheur !»

Ainsi parle notre novice, après sept mois d'expérience, c'est-à-dire en parfaite connaissance de cause. S'il est heureux, c'est que vraiment cette vie nouvelle lui va et peut rendre heureux.

Cependant la Trappe ne gâte point ses novices ; tant s'en faut. Dom Orsise en particulier, alors abbé d'Aiguebelle, homme de pieuse mais austère mémoire, n'était pas dans l'habitude de prodiguer beaucoup de tendresse aux jeunes gens qui venaient lui demander la grâce d'être formés à la vie cistercienne. C'est lui qui fit à M. de Meaux, grand-père de M. le vicomte de Meaux, ancien ministre de l'agriculture, cette réponse qui caractérise bien cette physionomie antique : le vénérable religieux, ancien député du Forez, se plaignait un jour d'un certain manque d'égards, que son âge et sa condition passée, lui rendaient peut-être plus sensible : « mon Père, lui répondit Dom Orsise, il est dans la maison quelque chose de plus respectable et de plus ancien que vous, c'est la règle!»

Or, cette règle de la Trappe n'est pas précisément bien douce : c'est avant tout une règle de pénitence. Qu'on en juge. La journée du religieux trappiste se divise, en effet, en trois temps : le temps de la prière ou de l'office divin, le temps du travail manuel et le temps des pieuses lectures. Il n'y a pas de récréation proprement dite, et la journée va de deux heures du matin à sept heures du soir, en hiver, et à huit heures, en été.

Certains jours même, les dimanches et les fêtes principales, le lever est fixé plus tôt, car l'office dit « office de la nuit » commence à une heure du matin et ne se termine guère que vers quatre heures ou quatre heures et demie.

C'est après cet office que les religieux prêtres ont l'habitude de célébrer la sainte messe. Puis, avec quelques variations d'heures, réclamées par les travaux extraordinaires et réglées

d'avance, on récite en chœur les différentes
heures de l'office de la Sainte Vierge et de
l'office canonial. Vers cinq heures et demie,
chant de l'office de Prime, suivi assez souvent
d'une messe basse ; vers neuf heures, Tierce
et la Grand'messe ; à onze heures et demie ,
Sexte ; à deux heures, None ; à quatre heures,
Vêpres ; à six heures ou sept heures, suivant
que l'on est en été ou en hiver, lecture spirituelle publique, suivie de la récitation des Complies et du chant du *Salve Regina*.

Tout cela peut faire une moyenne de six à
sept heures de prière publique, ou mieux ,
d'office chanté chaque jour. Cette première part
de temps n'est pas la moins fatigante.

Dans l'intervalle des offices, novices et religieux sont employés aux différents emplois manuels de la maison ; assez souvent même on
les applique aux travaux des champs, surtout
à l'époque des récoltes, où ils aident les religieux appelés *frères convers*, qui sont eux spécialement affectés à ces genres de travaux,
comme les religieux de chœur sont spécialement destinés au chant de l'office divin.

En dehors de l'office divin et du travail manuel, les religieux de chœur ont ce qu'on appelle des *intervalles*, c'est-à-dire, certains es-

paces de temps que chacun est libre d'affecter
à l'étude, à la méditation ou aux pieuses lectures,

Pour le novice, ce temps-là est destiné à l'é-
tude de la Règle, à l'explication de cette Règle par le Père-Maître, et en conférences spirituelles, ayant pour but spécial la *formation
religieuse* des aspirants.

C'est évidemment là une affaire importante ;
disons mieux, c'est l'affaire capitale. Aussi l'un
des premiers soucis des supérieurs, nous pouvons dire leur premier souci, c'est le choix à
faire parmi les religieux de celui auquel sera
confiée cette œuvre essentielle de la formation
des novices.

Le novice est un apprenti dans l'art de vivre de la vie parfaite, par la pratique des conseils évangéliques, tels que la pureté perpétuelle, l'obéissance absolue, la pauvreté complète, l'humilité, le renoncement, la pénitence... Or, si l'apprentissage en pareilles ma-
tières n'est point facile, l'enseignement ne l'est
guère davantage, et celui qui le donne doit
avoir des qualités et des vertus d'autant moins
communes, qu'elles sont plus précieuses.

Le Père-Maître des novices doit être, comme
son nom l'indique, un Père et un Maître, père

par l'affection et le dévouement, maître par
la science dans les choses de Dieu et par l'autorité que donne la vertu. Comme père il ga-
gne les cœurs et les soutient quand vient
l'heure inévitable des pénibles ennuis ; comme
maître, prêchant de parole et d'exemple, il aide
au triomphe des douloureuses hésitations que
presque tous les novices sont condamnés à
connaître.

Nous ne croyons pas que le frère Marie
Polycarpe ait connu ces hésitations ; du moins
ses lettres n'en disent rien : elles respirent au
contraire la paix et le contentement de l'âme
qui se sent dans sa voie.

Mais si notre novice ne pensa pas à regarder
en arrière, s'il ne regretta point de se trouver
à la Trappe, cela ne veut point dire qu'il n'en
sentit pas les rigueurs. Se lever à deux heures
du matin, quelquefois plus tôt, donner de six à
sept heures au chant de l'office, employer quatre ou cinq heures en travaux manuels, ne faire
la moitié de l'année qu'un seul repas, ce ne
sont pas là choses très douces et auxquelles on
doive s'habituer du jour au lendemain. Certainement le frère Marie Polycarpe eut à souffrir
de ces rigueurs matérielles ; les années passées à la maison paternelle ou au collège ne

l'avaient guère préparé à de pareilles austérités. Et puis, est-ce en pleine vingtième année que l'on peut s'imposer des jeûnes comme
ceux de la Trappe sans en ressentir cruellement la rigueur ?

Toutefois il y a, pour le novice comme pour
le religieux profès, quelque chose de plus
dur et de plus pénible que les disciplines
et les jeûnes, c'est la vie d'obéissance à laquelle on le soumet, c'est le renoncement
complet à sa volonté propre. Tous ceux qui
ont passé par la vie religieuse savent que
c'est là la grande épreuve et la suprême
mortification, à la Trappe surtout, où la vie
en commun entraîne la pratique continuelle
de l'obéissance envers le supérieur présent
ou le plus ancien religieux. Sans nul doute
cette subordination de tous les instants demanda à notre novice de réels sacrifices ;
car bien que doux et soumis, Henri Marthoud
était de tempéramment vif et de volonté
prompte, voire même quelque peu entière. Il
était vif surtout, et nous aurons à dire que ce
défaut de nature fut souvent pour lui une cause
de peine, et aussi l'occasion de bon nombre
d'actes d'humilité, lorsqu'il s'apercevait que
sa vivacité avait procuré quelque tristesse à
l'un de ses frères ou de ses inférieurs.

Pendant le noviciat, il y eut certainement lutte de ce côté là, comme du côté de l'obéis·sance et plus d'une fois le frère Polycarpe sentit combien est dur en pratique *l'abneget semetipsum* de l'Evangile. Mais il avait pris sa vocation en homme de cœur, comme cela convenait si bien à sa nature franche, loyale et généreuse, et on le vit s'appliquer aux divers travaux auxquels on l'employait avec le meilleur entrain du monde. C'est ce que nous révèlent toutes ses lettres de cette époque, dont quelques-unes sont charmantes de bonne humeur et de simplicité.

Dans l'une d'elles il dit à sa mère : « Vous me demandez ce que je fais ? Eh bien je fais un peu de tout : un jour on m'emploie à porter des pierres, une autre fois à planter des choux !... Je suis même quelque peu cuisinier, puisque j'aide à peler les pommes de terre et à choisir la salade ! Et tout cela, bonne maman, je vous assure que je le fais avec beaucoup de plaisir. D'ailleurs ici les choses les plus viles sont les plus recherchées et à la Trappe cela est aussi naturel que dans le monde de rechercher ce qu'il y a de mieux et de plus en vue. »

Ailleurs notre cher novice laisse entrevoir que s'il est heureux, très heureux même, et

absolument résolu à persévérer dans la voie
sainte à laquelle Dieu l'a appelé, son bonheur
n'est pas sans lui demander des sacrifices. C'est
encore à sa mère qu'il écrit. Nous dédions ces
lignes à ceux qui pensent que l'entrée en religion étouffe les sentiments du cœur et favorise
l'égoïsme et l'indifférence :

« J'ai de grands reproches à vous faire ; vous
m'aimez trop ! si vous saviez ce que me font
vos lettres!.. J'aimerais que vous me traitiez plutôt d'ingrat et de sans cœur, j'aurais bien plus
de force pour vous répondre. Mais elles sont
si bonnes, si tendres, que je ne sais que pleurer. Oui, oh ma mère, je pleure, je pleure
beaucoup ; mais ne croyez pas que mes pleurs
sont des pleurs de regret et que peut-être je
vais revenir. Je pleure, parce que je vous aime
beaucoup et que pour tout au monde je ne voudrais pas vous causer le moindre chagrin, oui,
pour *tout au monde*, mais *pour le Ciel, c'est
différent* !.....

» De loin la vie religieuse est magnifique.
L'humilité, la pauvreté, les souffrances sont
des choses sublimes lorsqu'on les envisage
en poète ou en philosophe. Quand on en
vient à la pratique, c'est *une autre affaire*. Ce

qui paraissait si beau devient rudement difficile, et je crois pouvoir dire que la vie de la Trappe est impossible à quiconque n'y est pas appelé. Pour moi, plus je vais, plus je me convaincs que je suis bien là où Dieu me veut. »

Voilà qui est franc, clair et très vrai. Autre chose est la théorie et autre chose est la pratique en matière de vertu. Vues de loin et à travers les charmes que peut leur donner la poésie, l'humilité, la pauvreté, le détachement et la mortification sont choses sublimes et ravissantes, pour lesquelles les âmes, les jeunes surtout, se sentent prises d'amour et d'un noble enthousiasme. De près, et quand il faut se mettre à l'œuvre, c'est une « *toute autre affaire.* » Notre jeune novice s'en est vite aperçu et il le confesse en toute franchise, ayant soin d'ajouter qu'il n'en reste pas moins convaincu que c'est bien à la Trappe que Dieu le veut et que c'est à la Trappe qu'il doit rester. Les austérités y sont dures, mais la conscience y est à l'aise et le cœur heureux.

Désormais le frère Marie Polycarpe ne sortira pas de cette note. Elle domine toutes ses lettres, devenues plus rares d'ailleurs, à mesure qu'il avance dans le noviciat. Lui-même tient à

expliquer cette rareté à sa sœur qui lui reprochait de ne pas écrire assez souvent : « Ainsi le
veut la règle, ma chère sœur, un novice ne doit
avoir avec le monde que la correspondance
jugée absolument nécessaire... ; d'ailleurs le
temps manque pour écrire. » C'est qu'en effet
le temps d'un novice est bien pris et l'on peut
compter les minutes libres de sa journée, quand
il a à cœur de remplir tous les exercices marqués par le règlement.

Ce règlement est rigoureux; et il n'était pas
lettre morte à Aiguebelle. Les supérieurs en
surveillaient l'exacte exécution, surtout à ce
moment où les novices étaient plus nombreux
et de conditions très diverses, soit par l'âge,
soit par les situations occupées dans le monde.

Au reste n'est-il pas naturel que le novice
qui se prépare aux engagements sacrés de la
profession religieuse, éprouve de lui-même le
besoin de s'établir dans le silence, et par conséquent qu'il cherche à éviter tout ce qui pourrait plus ou moins le distraire et interrompre
son recueillement ?

De là cette plainte trouvée dans une lettre
écrite par le frère Marie Polycarpe à l'un de
ses amis. « Toi du moins tu es tranquille, mais
moi ! !... Tout Lyon menace de venir me voir ;

et l'on croit me faire plaisir !... » Voilà assurément qui peut paraître étrange au premier abord.
On pourrait y trouver une marque d'indifférence
et d'oubli à l'endroit des amis laissés dans le
monde. Et pourtant il suffit d'un instant de réflexion pour comprendre combien est juste et
naturel un pareil sentiment chez celui qui se
sent à la veille de prendre une décision aussi
grave que celle de la profession. Non, certes,
le novice n'oublie pas ses amis, il leur garde
au contraire une affection toujours vivante et
plus forte, mais le temps n'est pas aux amis, il
est à la grande affaire que chaque jour rappro-
che et à laquelle l'on ne saurait trop se préparer puisqu'il s'agit, en définitive, du contrat
solennel qui doit unir pour toujours une âme
à Dieu.

Douze mois sont bien vite écoulés, même à
la Trappe. Le frère Polycarpe avoue qu'il lui
semble n'être là que de hier et déjà l'heure si
désirée arrive, il va l'atteindre. Toutefois sa
sainte impatience ne lui fait pas perdre de vue
la gravité extrême de l'acte qu'il va remplir,
même en ne prononçant que ce que l'on appelle
les *vœux simples*.

« Te souvient-il, écrivait-il à l'une de ses
sœurs, de tes grands désirs et de ton impatience
pendant les jours qui ont précédé ton admission
au titre d'Enfant de Marie (1) ? Eh bien je me
trouve tout à fait dans l'état où tu étais alors. Je
suis arrivé à la fin de mon année de probation...
la profession approche !... Ah ! Si tu savais
quelle grâce que celle-là ! Si tu savais combien
il me tarde d'être lavé par ce nouveau baptême,
qui me fera renaître à une nouvelle vie !....

» Le mot de profession devrait me faire trem-
bler ! Les obligations qu'elle impose sont grandes, je le sais, et je ne me fais pas illusion....
Mais ce n'est pas sur moi que je compte. Je suis
un pauvre pécheur, indigne de l'habit que je
porte, et je sais que je ne puis pas rester à Aiguebelle seulement vingt-quatre heures si Marie,
qui m'y a amené, m'abandonne un seul moment.
Mais elle ne m'abandonnera pas, cette bonne
Mère ; oh ! non ; car je l'aimerai toujours. Prie
donc, chère Maria, prie et fais prier pour ton
pauvre frère. Commande à notre chère Élisa,
— elle ne peut rien te refuser à toi — commande
lui de hâter ce beau jour.... Quel bonheur si
le plus délicieux de mes rêves pouvait s'accom-

____

(1) Lettre du 25 avril 1847.

plir ! J'ai vingt ans, et il y a vingt ans que notre
pieuse mère me consacra à Marie ; c'était l'année du jubilé ! .... Quelle joie indicible s'il
m'était donné à moi de ratifier solennellement
cette donation dans une année de jubilé!... Mais,
que dis-je ? Ce serait trop ! »

Dieu jugea sans doute que ce ne serait pas
trop et il accorda la grâce si ardemment demandée par le jeune novice. C'est lui-même qui
nous l'apprend, dans une lettre écrite le 10 août
à ses parents, pour leur annoncer la nouvelle de
sa profession.

« Me voici au comble de la joie. Dans cinq
jours je ferai profession. Dans cinq jours je me
consacrerai à Dieu pour toujours ! Oh ! combien cette pensée fait tressaillir mon cœur d'al-
légresse ! Réjouissez-vous avec moi, partagez
mon bonheur. Vos vœux vont être accomplis,
ô mère tendrement aimée ; le monde ne m'aura
pas, ce monde dont vous redoutiez tant pour
moi les terribles dangers.... Je vous ai coûté
bien des larmes... mais ne pleurez plus, votre
fils ne périra pas, ce fils que vous aviez consacré à Marie — c'était l'année du Jubilé — et je
me souviens, non sans émotion, combien vous

vous plaisiez à me le rappeler, durant ces soi-
rées de vacances que nous passions en famille.
Élisa était alors avec nous ! Chère Élisa ! Et elle
est partie, partie la première, pour nous préparer des places à chacun. Ah ! c'est bien elle
qui m'a amené ici, c'est bien elle qui m'a obtenu la grâce de faire profession à peu près
vers l'époque de sa mort, en un si beau jour
que celui de l'Assomption et en cette année
qui est aussi une année de Jubilé !... Priez et
faites prier pour moi dimanche ; quel beau
jour ! Je compte bien que vous vous trouverez
à Fourvière ; ce sera entre neuf heures et
demie et dix heures et demie.... »

La cérémonie de la profession eut lieu, en
effet, au jour et à l'heure marqués. C'était le
15 août 1847. Notre jeune novice vient de nous
dire combien cette date lui était chère. Tendrement dévoué à la Reine du Ciel, qu'il consi-
déra toujours comme sa première mère et à
laquelle il ne manqua jamais de rapporter toutes les grâces de sa vie, le frère Marie Polycarpe se sentait comme hors de lui, tant il était
heureux à la pensée que le jour de sa consécration coïnciderait avec celui de l'Assomption
de Marie au Ciel.

Nous n'avons recueilli aucun détail particulier sur cette cérémonie de la profession de Dom Polycarpe. Nous savons seulement qu'elle fut présidée par Dom Orsise, abbé de la maison. Suivant l'usage, le vénérable Supérieur rappela au jeune novice les grands et pénibles devoirs de la vie à laquelle il désirait se consacrer, il insista sur les austérités de la Trappe, sur le silence perpétuel que l'on doit y garder, sur l'obéissance, la pauvreté et la chasteté qui constituent la vie religieuse et qu'il faudra pratiquer jusqu'à la mort. Le jeune novice savait tout cela, il y avait mûrement réfléchi, il s'était essayé pendant une année au genre de vie qu'il demandait à embrasser, aussi il n'hésita pas, et à l'injonction du supérieur d'avoir à se prononcer, il répondit fermement qu'il espérait, moyennant la grâce de Dieu, pouvoir vivre de la vie de prière et de pénitence qui se pratique dans la Congrégation de Notre-Dame de la Trappe.

Sur cette parole, le Supérieur bénit Dieu, et il reçut les vœux du pieux novice en lui remettant le costume des religieux profès.

Dans la vie religieuse, le jour de la profession est à peu près pour le novice ce qu'est pour le séminariste le jour de son ordination sacerdodotale. C'est le point de démarcation établi entre la vie de formation proprement dite et la vie d'action personnelle. Pendant le noviciat, comme pendant le séminaire, le jeune homme se prépare ; à partir du jour de sa profession ou de son ordination, c'est la vie d'action proprement dite qui commence. Jusque - là, il a écouté et reçu les ordres d'autrui, il s'est laissé initier dans la science de la vie, qui sera plus tard la sienne, son travail a été le travail du disciple sous les yeux vigilants du maître ; maintenant s'ouvre la période d'initiative personnelle ; le disciple devient maître, l'apprenti commence à travailler par lui-même.

Évidemment, l'initiative personnelle ne peut pas être bien étendue à la Trappe, surtout chez le simple religieux. C'est avant tout une vie d'obéissance que mènent les disciples de saint Bernard. Toutefois, la vie du novice diffère assez, à ce point de vue, de celle du religieux profès, auquel est confié d'habitude ce qu'on appelle un « emploi, » c'est-à-dire la direction et la charge de l'un des nombreux services dont se compose toute maison religieuse. Cette charge entraîne naturellement une certaine initiative personnelle.

C'est à cette initiative, et dans l'usage de

cette liberté, que le religieux montre ce qu'il est et fait prévoir ce qu'il pourra être plus tard.

Aussi, le Supérieur, lorsqu'il est vraiment administrateur, s'applique-t-il à suivre, d'une manière toute spéciale, la gestion de ses chargés d'emploi. La maison étant un petit royaume dont il doit assurer le bon gouvernement, il a besoin de connaître, parmi ses sujets, ceux qu'il pourra appeler plus tard à son aide ; et comme c'est à l'œuvre que l'on connaît l'ouvrier, c'est aussi par les diverses fonctions qu'il leur confie qu'un supérieur connaît et apprécie les aptitudes de ses religieux.

Le jeune père Polycarpe eut successivement plusieurs emplois ; il fut hôtelier, c'est-à-dire chargé de recevoir les étrangers qui venaient visiter le monastère ou y faire une retraite ; il fut employé aussi à l'infirmerie, et ceux qui le connurent alors, — ils sont rares aujourd'hui, — nous ont raconté que s'il savait recevoir les visiteurs avec l'exquise urbanité qui caractérise le vrai Lyonnais, il savait aussi soigner ses chers malades avec autant de délicatesse que d'intelligence, au point qu'il disait quelquefois que « il aurait fait un bon médecin, à la condition cependant, ajoutait-il, d'être dispensé de toute opération chirurgicale. »

Pendant ce temps une révolution éclatait en France. On était en 1848. Mais il parait que l'on ne s'en souciait pas beaucoup à Aiguebelle ; du moins l'on n'y était pas trop effrayé, si nous en croyons le Père Polycarpe.

Sa sœur Marguerite lui avait écrit, au nom de toute la famille, pour avoir des nouvelles et lui faire part des inquiétudes que l'on avait pour lui et pour les religieux. Vite le Père répond à sa sœur — c'était le 5 mars 1848 :

« Je vous en prie, calmez vos inquiétudes. N'ayez aucune crainte pour Aiguebelle ; tout y est dans le plus grand calme... Nous n'avons vu personne. Nous ignorerions même tout ce qui vient de se passer si notre Révérend Père Abbé n'avait jugé à propos, dimanche dernier, de nous annoncer qu'il n'y avait plus de Roi, que la République l'avait remplacé, mais qu'il n'y a rien à craindre pour la religion. Voilà tout ce que je sais..., et je sais encore que Dieu nous garde. »

A coup sûr ce langage peut paraître tout d'a-bord quelque peu étonnant, car enfin il sem-ble étrange d'entendre un vieux supérieur ra-conter à ses religieux, quasi comme on raconte

un fait divers, qu'il n'y a plus de Roi en France et
que la République vient d'être proclamée!... Et
pourtant quoi de plus naturel chez un religieux,
dont l'esprit et le cœur sont tout entiers tour-
nés du côté du Ciel. Sans doute le solitaire,
qu'il soit trappiste ou chartreux, n'est pas in-
différent aux évènements heureux ou malheureux que traverse sa patrie ; autant que les autres, et peut être plus qu'aucun autre citoyen de
son pays, il prend part à la joie et à la tristesse de cette mère qui s'appelle la patrie.
Mais le trappiste et le chartreux, en même
temps qu'ils sont citoyens, sont des chrétiens
dont la foi plus vive et plus élevée voit toujours,
à travers les évènements d'ici-bas , la main
toute-puissante de « Celui qui règne dans les
cieux, et de qui relèvent tous les empires, »
comme dit Bossuet.

Il n'est donc pas étonnant que le bon Père
Dom Orsise et, avec lui, ses fervents disciples
ne se soient pas émus outre mesure, à la nouvelle des évènements de février.

Au reste, pourquoi s'inquiéter ? « *Je sais
que le Bon Dieu nous garde,* » écrivait le Père
Polycarpe. Quand on a cette conviction dans
le cœur, il est bien évident que l'on ne doit
pas se préoccuper trop de ce qui se passe dans

le monde ; car on sait que ce que Dieu garde
est bien gardé.

Un des amis de collège du Père Polycarpe
a dit de lui, dans son livre sur Joseph Pagnon :
« Il devint tellement étranger à la terre,
qu'ayant eu l'occasion de m'écrire, il me pria
de transmettre à Joseph les plus tendres témoignages, lorsqu'il y avait douze ans déjà que
Joseph était mort. Je l'ai vu plus tard vieilli,
et émacié, prieur de la Trappe d'Aiguebelle.(1)»

Ceci nous apprend, en même temps que son
ignorance de ce qui se passait dans le monde,
que le Père Polycarpe, tout en se félicitant dans
ses lettres du parfait état de sa santé, se ressentait cependant des rigueurs du régime de la
Trappe. Ceux qui l'ont connu lorsqu'il avait
vingt-cinq ans nous assurent qu'il était, si non
vieilli, du moins bien amaigri.

(1) *Joseph Pagnon*, par Clair Tisseur, p. 223.

§ III. — Les saints ordres et départ pour la grande Trappe.

Pendant assez longtemps la règle ordinaire
de la Trappe était que chacun, en devenant
religieux, y gardait l'état dans lequel il y était
entré. Le laïc restait laïc, celui qui avait été
initié aux saints ordres conservait simplement
ceux qu'il avait reçus, le sous-diacre restait
sous-diacre, le diacre restait diacre et ce n'é-
tait que par exception qu'on l'appelait au degré supérieur. Tel était l'usage encore quand le
jeune Henri Marthoud vint à Aiguebelle ; c'est
ce qu'il écrivait à un de ses amis qui lui avait
posé sans doute quelque qestion à ce sujet.

Mais, peu à peu, on revint de cet usage.
Les supérieurs jugèrent bon d'appeler aux
saints Ordres ceux de leurs religieux que leurs
études antérieures rendaient capables d'être
élevés à la dignité sacerdotale, et qui d'ailleurs
consentaient à accepter cet honneur, le plus
grand qui puisse être accordé à un homme.

Le Père Polycarpe, qui avait rêvé cependant
d'être missionnaire, et par conséquent d'être
prêtre, ne reçut pas sans une certaine crainte
l'ouverture qui lui fut faite d'avoir à se prépa-

rer à la réception des Ordres Sacrés, par l'étude
de la théologie. Il écrivait à l'une de ses sœurs,
le 28 décembre 1856 :

« ... Me voilà sous-diacre depuis samedi, tu
le sais... bientôt je serai prêtre ! Oh ! comme
cette pensée m'effraie !... j'étais venu me cacher
au fond du cloître afin de me soustraire à une
si effrayante responsabilité, et voilà que l'on
me dit que la volonté du Bon Dieu est que je
sois prêtre !... Prie beaucoup, beaucoup pour
ton pauvre frère... »

Combien de temps prit cette préparation ?
C'est ce qu'il nous serait difficile de préciser,
parce que nous n'avons pas pu connaître l'époque exacte à laquelle Dom Gabriel annonça au
Père Polycarpe son intention de l'appeler au
sacerdoce.

Nous croyons cependant que les études de
théologie durèrent au moins trois ans, c'est-à-
dire le temps suffisant pour acquérir les con-
naissances indispensables au prêtre , même
quand il est simple trappiste.

Il n'est pas besoin de dire avec quels sentiments de profonde piété le jeune profès se
prépara au sacerdoce.

Celui qui avait vu arriver le jour de sa profession comme un jour où les grâces du ciel tom
beraient à profusion sur son âme, comprenait
tout ce qui allait se passer d'extraordinairement
grand à l'instant où il serait consacré prêtre
pour l'éternité.

Aussi quelle ardeur à l'étude des sciences
sacrées, quel redoublement de fidélité à la règle, quelle sainte émulation d'esprit et de cœur,
en vue du grand jour qui allait lui conférer les
sublimes pouvoirs du sacerdoce ! Il n'est pas
une lettre de cette époque où le jeune profès
ne sollicite de pressantes prières à cette intention : « Surtout, disait-il souvent, ne m'oubliez
pas à Fourvière. »

L'ordination à la prêtrise du Père Polycarpe
eut lieu le 10 août 1857, et c'est seulement le
15 août, fête de l'Assomption, que le jeune
prêtre voulut célébrer la sainte messe pour la
première fois !

« Je tiens beaucoup à ce beau jour, écrivait-il
à son frère à ce propos, parce que c'est le jour
de la fête de la Très-Sainte Vierge et le dixième
anniversaire de ma profession religieuse...»
Puis il ajoutait : « Je suis autorisé à t'inviter à
y assister, mon cher ami, et tu me feras vrai-

ment plaisir si tu viens ; mais je désirerais bien
que ni maman, ni Margueritte ne viennent —
non pas certes que je ne fusse très-heureux
de les voir et de les bénir — mais en ce jour
je voudrais être autant que possible tout à Dieu
seul !... »

Les désirs du Père Polycarpe se réalisèrent,
il fut seul pour cette solennelle circonstance,
et il dut goûter bien vivement les inexpri-
mables délices de ce grand jour qui s'appelle
un jour de *première messe*, car il écrivait aussitôt :

« Oh ! ma chère sœur, et vous ma bonne mère,
que j'aime tant, je vous en conjure, aidez-moi
à remercier au moins un petit peu notre Divin
Maître de l'immense faveur qui m'a été faite, et
qui va se renouveler tous les jours de ma
vie !!!... Non, jamais je ne remercierai assez le
Bon Dieu de tant de grâces !...»

C'est à peu près tout ce que nous avons pu
recueillir concernant ce solennel évènement
de la vie du futur supérieur de Notre-Dame-
des-Neiges.

D'ailleurs ses lettres étaient très rares depuis déjà longtemps, et ceux qui ont gardé le souvenir de cette époque nous disent seulement que Dom Gabriel, le jeune et nouvel abbé d'Aiguebelle, associa le Père Polycarpe à l'administration du monastère en le nommant sous-prieur, c'est-à-dire, en réalité troisième supérieur de la maison.

Cette nomination était-elle, dans l'esprit du Révérend Père Abbé, une préparation à la charge qu'il devait lui confier plus tard? Dom Gabriel songeait-il déjà à faire du jeune Père Polycarpe un futur supérieur de Notre-Dame-des Neiges?

C'est ce qu'il serait difficile d'établir d'une manière certaine. Et s'il fallait absolument avancer une opinion, nous dirions que plus probablement Dom Gabriel, en élevant le Père Polycarpe à la dignité de sous-prieur, ne pensait pas à Notre-Dame-des-Neiges, mais simplement à se donner un aide actif et intelligent, comme il le fallait pour une communauté aussi nombreuse et aussi vivante que celle d'Aiguebelle.

En tous cas le jeune sous-prieur ne soupçonnait nullement ce qui l'attendait plus tard. Et si, par impossible, il eût caressé le rêve de se voir un jour supérieur d'une maison, ce n'eût pas été de Notre-Dame-des-Neiges.

A l'époque où nous sommes, en effet, la nouvelle fondation rencontrait des difficultés nombreuses ; elle semblait même compromise, et les supérieurs étaient fort inquiets.

Quant au Père Polycarpe, nous le trouvons, à ce moment, très occupé à l'étude du cérémonial cistercien, dont les supérieurs majeurs préparaient la révision. On comprend tout l'attrait que pouvait avoir une pareille question pour celui qui avait été élevé au milieu des splendeurs de l'antique et vénérable liturgie lyonnaise.

Aussi, quand vint à Aiguebelle l'ordre de charger un religieux de préparer un rapport sur la question du nouveau cérémonial, le Révérend Père Abbé n'hésita pas à confier cette tâche à son jeune sous-prieur, chez lequel il avait remarqué un goût très-marqué pour les cérémonies et les prescriptions de la liturgie sacrée.

Le même travail avait été demandé aux principales maisons de l'Ordre. Quand il fut terminé, on convoqua les rapporteurs à la Grande Trappe pour qu'ils pussent conférer ensemble et établir d'une manière définitive le plan et le texte du nouveau cérémonial.

Le Père Polycarpe quitta donc Aiguebelle
vers le commencement de 1858. Il ne devait
plus y revenir, du moins comme simple religieux. C'est, en effet, pendant qu'il était à la
Grande Trappe, qu'il reçut la mission, de la
part de Dom Gabriel, de se rendre à Notre-
Dame-des-Neiges, pour y présider au départ
de la petite communauté et la conduire à Notre-
Dame-d'Acey, dans le Jura, où l'on devait trans-
planter la jeune fondation. Ainsi pensaient du
moins les supérieurs.

La Divine Providence en décida autrement.
Notre-Dame-des-Neiges devait subsister, et le
Père Polycarpe en devait être le vrai fondateur
et le premier abbé.

C'est là que nous allons le retrouver bientôt.

NOTRE-DAME DES NEIGES

CHAPITRE III

NOTRE-DAME DES NEIGES

1858-1882

---

§ I. — La Felgère ; — Fondation d'une maison de la Trappe ;
— Premiers travaux et premières épreuves ; — Les noisettes
du bois de Serre ; — Un loup au Chapitre ; — Protection de
Mgr Guibert ; — Ferveur religieuse et affluence de novices ;
— Dom Gabriel élu abbé d'Aiguebelle.

Notre-Dame-des-Neiges a eu pour berceau
la ferme et le domaine de la Felgère (1), situés
dans la commune de Saint-Laurent-les-Bains,
en pleines montagnes du haut Vivarais, sur les
confins de l'Ardèche et de la Lozère.

(1) Felgère, du mot languedocien *Felzeiro*, fougère,

Le voyageur qui visite le monastère actuel et
le domaine modèle qui l'entoure, peut difficilement se faire une idée de ce qu'était la Felgère
en 1850, époque de la fondation de la Trappe.

Une vieille maison, longue et vaste, mais
basse et humide, adossée au flanc de la montagne, à peu près à mi-côte, recouverte moitié
en chaume et moitié en pierres ; telle était
alors, avec une immense cour au midi, l'ha-
bitation de la Felgère.

Derrière la maison passait la route qui reliait,
à cette époque, le Vivarais à l'Auvergne et à la
Lozère (1). On y rencontrait de temps en temps
quelques muletiers et quelques caravanes de
paysans se rendant aux foires de la montagne
ou descendant du côté du Languedoc. Les uns
et les autres ne manquaient pas de faire halte
à la vieille auberge.

Autour de la ferme s'étendaient quelques
champs de seigle ou de pommes de terre, —
seules cultures possibles à cette altitude de
onze cents mètres au-dessus du niveau de la
mer ; — des prairies assez mal tenues, vertes
et fleuries au printemps, mais toutes grises

(2) Au moyen âge, ce vieux chemin reliait les forts de
Saint-Laurent et de Borne au château du Luc, dépendant
des seigneurs de Polignac en Velay.

pendant six mois, d'octobre en avril, tant le
froid y est rigoureux ; un ou deux bois de
hêtres, médiocrement fournis et peu vigoureux ; çà et là quelques bouquets de sapins
tout chétifs et à demi-couchés par le vent, qui
souffle en rafale pendant des mois entiers, sur
ces hauteurs sauvages.

Telles étaient, à peu près, les richesses agricoles et forestières de la Felgère, lorsqu'on
songea à y établir une maison de la Trappe.
Tout le reste, depuis le haut de la montagne
jusqu'à la route qui va de La Bastide à Saint-
Laurent, n'était que landes, collines ravinées,
champs de pierres et terrains incultes, où crois·
saient pêle-mêle le genêt, la bruyère, l'airelle,
le genévrier, la fougère de montagne et autres
plantes ou arbustes sauvages. En somme, beaucoup d'espace et petits revenus, comme il est
ordinaire en ces pays.

La Felgère et les pays environnants ne connaissent guère que deux saisons : six mois
d'hiver, et six mois, pour le printemps, l'été et
l'automne. L'hiver est dur et pénible, surtout
lorsque la neige fait son apparition de bonne
heure, ce qui arrive souvent en octobre. Ce
sont alors six mois complets de vraie Sibérie,
avec intermittences de pluies glaciales, de vents

violents et de périodes à froid sec, marquant jusqu'à quinze ou vingt degrés au-dessous de zéro. Pendant ce temps, il y a suspension à peu près complète de tout travail extérieur ; on s'occupe dans l'intérieur de la maison, à des travaux de charronnage, et surtout à l'entretien du bétail.

La période d'avril à octobre est, par contre, habituellement très agréable. Elle est encore un peu froide au début, mais le travail des champs est repris avec entrain, les charrues sillonnent les terres labourables, et les eaux courent et scintillent à travers les prairies ; bientôt l'herbe pousse, verte et abondante, le blé commence à lever, les bourgeons éclatent sur les arbres, les fleurs se montrent, les feuilles s'étendent et grandissent, et quand juin arrive, la côte et les vallons du domaine de la Felgère font plaisir à voir avec leurs foins prêts à être coupés, leurs seigles jaunissants, leurs champs de pommes de terres fleuries, leurs bois touffus et leurs vastes massifs de genêts dorés.

C'est vers le milieu de 1849 que fut formé le projet d'établir en ce lieu un monastère de Trappistes.

Un vénérable prêtre de la Société de Saint-Sulpice, M. Casimir Chalbos, revenu d'Amérique où, quinze années durant, il avait été occupé aux travaux des missions, se présentait au monastère d'Aiguebelle et faisait part à Dom Orsise, de l'intention qu'il avait, de concert avec son frère, M. l'abbé Théodore Chalbos, curé d'une paroisse du diocèse de Viviers, de consacrer leur commun héritage à la fondation d'une maison de la Trappe. Le père et la tante de ces deux ecclésiastiques encourageaient leur généreux dessein.

Dom Orsise ne crut pas devoir accéder, pour le moment du moins, à un si pieux désir, et il déclina la proposition qui lui était faite.

Le refus du vénérable supérieur fut pénible à M. Chalbos, mais ne le découragea pas. De retour d'Aiguebelle, il s'adressa successivement à Mgr l'Evêque de Valence et à Mgr Guibert, alors évêque de Viviers. Ses instances furent enfin couronnées de succès, il obtint que l'abbé d'Aiguebelle envoyât, dans le domaine de la Felgère, pour y tenter un essai de fondation, une petite colonie de religieux. C'était le 5 août 1850.

Vingt jours après, c'est-à-dire le 25 du mois d'août, partirent d'Aiguebelle les religieux désignés pour la fondation, sous la conduite du Père Geniez. Ils étaient au nombre de sept ;

deux religieux de chœur, quatre frères convers et un frère donné. Suivant l'avis de l'Evêque de Valence, ils passèrent à Viviers, où Mgr Guibert avait demandé à les voir pour les bénir et leur donner ses encouragements. Puis s'étant dirigés du côté de Saint-Laurent-les-Bains, ils arrivèrent, après plusieurs étapes, à la Felgère, le 28 août, vers le soir.

« Ils furent reçus à bras ouverts, » nous dit une note trouvée dans les archives du monastère, et leur premier soin fut de changer le nom de la *Felgère* en celui de *Notre-Dame-des-Neiges,* soit parce que la fondation fut conclue, avec Dom Orsise, le 5 du mois d'août, jour où l'Eglise célèbre la fête de Notre - Dame - des - Neiges, soit à cause des neiges abondantes qui tombent en ce pays. Ils prirent pour devise : « *Non timebit domui suœ a frigoribus nivis*, il ne craindra pas pour sa maison les froids et la neige. » Cette devise témoignait de la confiance des bons religieux ; et certes, c'était bien l'heure de mettre en Dieu tout leur espoir, à la vue de la pauvreté qui se présentait à eux et des souffrances qui en seraient la conséquence inévitable, surtout quand viendrait la saison mauvaise.

Il y eut, en effet, des jours particulièrement

pénibles au nouveau monastére. Le dortoir était
un grenier à foin, ouvert à peu près à tous les
vents, et plus d'une fois, pendant l'hiver, les
bons religieux trouvèrent, en se levant, la modeste couche, sur laquelle ils venaient de re-
poser, à moitié couvertede neige. Au réfectoire,
du pain noir et grossier, quelques herbes arra-
chées au milieu des champs et assaisonnées au
sel et à l'eau, quelques noisettes sauvages cueillies dans la forêt voisine, et pour boisson de
l'eau pure que l'on coupait avec quelques gout-
tes de vin d'airelles. C'était une maigre chère.

Un bon vieux frère, contemporain des fondateurs, nous a raconté qu'une année celui qui
était chargé de la dépense, désireux de faire
une ample provision de desserts, se mit de
bonne heure à la cueillette des noisettes. Il
partait degrand matin pour le bois de Serre (1)
et il ne revenait que tard, chargé d'un lourd
butin. La provision, au bout de quelques jours,
fut abondante, et le bon frère économe se

(1) Nom de la forêt de sapins qui se trouve au nord de
Notre-Dame-des-Neiges, derrière les montagnes appelées
aujourd'hui montagnes de Saint-Joseph et de Notre-Dame.
Celle de Saint-Joseph porte sur la carte de la commune de
Saint-Laurent, le nom de Trépaloup (probablement du patois
tréper, courir, gambader, et loup, nom du fauve assez commun en ce pays) ; celle de Notre-Dame est désignée sous
le nom de l'Espervelouze.

réjouissait à la pensée du régal qui attendait la communauté quand arriverait la saison des froids. Cette saison vint bientôt, car à la Felgère les froids sont précoces.

Les noisettes furent servies, et tout le monde voulut en manger ; elles avaient si bonne apparence ; malheureusement l'économe s'y était pris un peu tôt, il avait fait sa cueillette avant l'époque de la maturité, et les noisettes étaient vides : le dessert était maigre ; personne ne s'en plaignit pourtant, et ce n'est que deux mois après que le supérieur en ayant goûté à son tour, reconnut la méprise et en avisa le bon frère économe devant toute la communauté. Il y eut seulement quelques sourires, et l'on se rabattit sur une petite portion de faîne, fruit minuscule et fade que donne le hêtre et que l'on cueille en automne. Les paysans des Cévennes, si pauvres qu'ils soient, n'ont jamais songé pour leur part à utiliser un aussi maigre produit.

On souffrait donc à la Felgère, et cependant les cœurs étaient à la joie dans la petite fondation. Grâce à l'entrain dont chacun était animé et à la charité des populations voisines, qui donnaient généreusement les premiers matériaux nécessaires, on avait pu construire à peu

près tous les locaux réguliers indispensables
à la vie de communauté ; une chapelle, une
salle de chapitre, un dortoir, une hôtellerie,
un réfectoire et jusqu'à un mur de clôture. On
n'avait pas encore un monastère, mais on était
à l'abri du vent, de la neige et de la pluie, sinon
du froid.

Certes les fondateurs n'étaient pas exigeants,
mais ils demandaient pourtant de pouvoir
pratiquer tous les exercices de la règle ; et
Dieu sait avec quelle ferveur ils s'en acquit-
taient. L'esprit de foi et la régularité de ces
premiers temps rappelaient les meilleurs jours
de Cîteaux, et ceux qui les connurent aiment à
raconter avec quelle exactitude l'office divin
était suivi, avec quel recueillement l'on se rendait au travail commun, avec quelle humilité et
quelle simplicité le supérieur était écouté et
obéi.

Mille traits édifiants ont marqué cette période
de formation, et nous pourrions en faire un
chapitre intéressant, si cela entrait dans notre
plan. Mais nous devons être court. Que l'on
nous pardonne cependant l'anecdote suivante,
elle ne manque pas de piquant, le fait s'étant
passé au pied de la montagne si justement
appelée *Trépaloup*.

Dom Gabriel, devenu prieur deNotre-Dame-
des-Neiges , tenait parfois le chapitre sous un
bouquet de hêtres, que l'on voit encore dans
un repli de terrain, à quelques pas de la ferme
de Notre-Dame, dans la direction de la montagne de Saint-Joseph. L'endroit choisi était assurément fort commode et bien recueilli. Du
côté du ciel une voûte superbe, formée d'un
feuillage vert et touffu , au nord, la montagne, à droite et à gauche l'exhaussement des
champs voisins, au midi, la prairie et le ruisseau de Rieufrais (1), pour tout dire, une vraie
salle de chapitre , avec ses colonnes naturelles, les troncs vigoureux des hêtres, et ses
stalles de pierres gazonnées, rangées en abside
autour du siège du Prieur. C'était champêtre,
et plein de poésie. Il y avait cependant quelque
chose de plus admirable que le paysage, c'était
le recueillement des religieux pendant la conférence du père Prieur.

Or, il arriva qu'un jour ce recueillement fail-
lit être compromis, par un incident tout à fait
inattendu. Tandis que les bons frères suivaient
la glose de Dom Gabriel, un bruit insolite se
fit entendre, venant du côté de la montagne ; il

______

(1) Nom donné au ruisseau qui descend de la Felgère et
va se jeter dans l'Allier, à La Bastide.

se rapprochait peu à peu, puis cessa soudain, et un frère, quelque peu intrigué, poussa la curiosité jusqu'à lever la tête. Oh ! surprise ! un loup superbe était là, debout, arrêté à deux pas du père Prieur, dans l'attitude de quelqu'un qui écoute. C'était assurément un singulier auditeur.

En temps d'hiver sa présence aurait pu donner quelque inquiétude, car, affamés, les loups de ces pays sont alors dangereux pour l'homme lui-même. Ce jour-là le loup ne commit d'autre crime que celui de troubler un peu le silence monastique, au cri instinctif poussé par quelques-uns des frères qui l'avaient aperçu. Quant au père Prieur, il ne prit que le temps de tourner la tête pour se rendre compte de ce qui se passait, et il continua sa conférence sur le ton le plus calme. A la Trappe on ne se trouble pas pour si peu.

Malheureusement il y eut quelquefois, pour les bons frères, des motifs plus graves de crainte.

Aux épreuves matérielles vinrent s'ajouter des difficultés d'un autre genre.

Un personnage, opposé à la fondation de Notre-Dame-des-Neiges, avait transmis à Rome des renseignements, propres non seulement à nuire à la Trappe naissante, mais encore capables d'entraîner sa perte définitive.

Heureusement la Providence donna un illustre et puissant défenseur aux religieux de la Felgère. Le futur cardinal-archevêque de Paris, Mgr Guibert, encore évêque de Viviers, instruit de ce qui se passait, adressa à la Sacrée Congrégation des Évêques et Réguliers, un mémoire rectificatif des faits allégués. Ce mémoire (1) eut pour résultat de réduire à néant les renseignements erronés que l'on avait envoyés au Saint-Siège et d'obtenir, suivant la demande de l'évêque de Viviers, que le monastère de la Felgère, dit de Notre-Dame-des-Neiges, fût érigé en prieuré titulaire avec droits et privilèges de l'Ordre de Cîteaux.

« Nous sommes heureux de le dire, écrivait l'éminent Prélat, les trappistes ont été accueillis par les habitants de notre diocèse comme des envoyés du Ciel. Déjà on les vénère, on les estime, on les aime comme des modèles de toutes les vertus, on pourvoit à l'envi à tous leurs besoins par de pieuses largesses, et c'est à qui leur viendra le plus en aide pour faire les frais de construction du monastère.

(1) Il est daté du 10 janvier 1852.

« Quelle douleur ne serait-ce donc pas aujourd'hui pour nous, et quelle désolation pour la contrée, si, après nous être accoutumés à la douce pensée de posséder ces saints religieux, nous étions condamnés à renoncer à tout espoir de fondation, à les voir retourner à Aiguebelle et à pleurer amèrement cette perte irréparable. Certes, ce jour-là serait un jour néfaste, et pour le diocèse de Viviers et pour tout l'ordre monastique.

« Depuis le moment, en effet, où nous jouissons de sa présence, ce petit établissement, jeté au milieu des montagnes, répand au loin les parfums de la sainteté et de la pureté des anges. Les âmes sont affermies dans le bien, le feu de la charité se propage et le zèle pour le salut va tonjours croissant. Ce n'est pas tout. Par la miséricorde divine, les principes de la foi s'enracinent plus profondément encore dans les cœurs de nos diocésains, et plusieurs d'entre eux, charmés de la vie régulière des trappistes quitteront le siècle pour embrasser la vie religieuse... »

Ce rapport fit à Rome l'impression la plus favorable et préserva le nouveau monastère.

En effet, le 13 septembre 1852, le Chapitre Général approuva et reconnut la fondation de Notre-Dame-des-Neiges, et Mgr Guibert eut la joie de publier, sous la date du 29 septembre de la même année, le décret par lequel Notre-Dame-des-Neiges était érigé en Prieuré titulaire de l'Ordre de Cîteaux.

Dom Bonaventure, qui venait de remplacer Dom Orsise sur le siège abbatial d'Aiguebelle, pourvut aussitôt du titre de Prieur titulaire le Révérend Père Dom Gabriel, déjà supérieur de Notre-Dame-des-Neiges depuis le 15 janvier 1851.

La nouvelle Trappe était désormais canoniquement fondée, et le 21 novembre 1852, jour de la Présentation de la Sainte Vierge, les religieux décidés à rester dans le monastère, s'y fixèrent définitivement par le vœu de stabilité prononcé entre les mains de Dom Gabriel (1). Les religieux de chœur étaient au nombre de dix et les frères convers, de dix-huit ; si nous y ajoutons les deux novices de chœur et les seize novices admis comme frères convers, nous avons au total une communauté de quarante-six membres.

----

(1) Jusqu'à cette époque ils avaient été libres de retourner à Aiguebelle, leur maison-mère.

Ce début n'était-il pas de bon augure pour l'avenir de Notre-Dame-des-Neiges ?

Mais il y avait dans le nouveau monastère quelque chose de plus précieux que le nombre des religieux, c'était la ferveur et l'esprit de foi admirable dont chacun était animé.

C'est ainsi que l'on écrivait à côté du nom d'un frère décédé (1) : « il est le premier mort de la fondation et le plus digne de cette faveur par ses admirables vertus et sa haute perfection. » D'un autre, on disait (2) : « c'est le premier profès de chœur mort au nouveau monastère après avoir entraîné en religion, par son exemple, sa mère, son frère et ses deux sœurs. Regretté de tous comme l'un des appuis principaux de la fondation, tant par sa constante régularité et son zèle pour le chant de l'office divin que par son amour des souffrances, sa mortification extraordinaire et son bonheur dans les sacrifices. »

Une maison, dans laquelle se trouvent des âmes assez généreuses pour placer leur bonheur dans le sacrifice et l'amour des souffrances, est une maison que Dieu doit bénir. On fut donc

(1) Le frère François de Paule.

(2) Le Père Privat, mort le 14 mars 1853.

béni à Notre-Dame-des-Neiges et l'on sentit constamment, même parmi les épreuves, que Dieu était bien là et qu'il veillait sur ses enfants.

Aussi quel entrain admirable que celui de ces premières années, où il y eut tant à souffrir à cause des travaux de toutes sortes auxquels il fallut se livrer.

Heureusement les postulants arrivaient nombreux ; ils venaient par groupes des paroisses voisines. L'une d'elles (1), et des moins populeuses, comptait à un moment donné jusqu'à dix-huit de ses enfants à la Trappe de Notre-Dame-des-Neiges. Dans cette très chrétienne paroisse, à la suite d'une mission demeurée célèbre (2), on vit le spectacle édifiant d'une famille entière quitter la maison et les terres des ancêtres pour s'enfermer à la Trappe ; le père vint à Notre-Dame-des-Neiges avec **son** fils, et la mère alla mourir à Notre-Dame de Maubec (3) avec ses deux filles.

(1) Laval d'Aurelle.

(2) Mission de 1851, prêchée par le Père Hermitte de la congrégation des Oblats de Marie.

(3) Monastère de trappistines situé près de Montélimart (Drôme).

Grâce à cette pieuse affluence, qui avait si vite augmenté la jeune communauté, on vit peu à peu le domaine de la Felgère lui-même se transformer ; les champs étaient agrandis, les prairies mieux tenues et de nouveaux bois préparés par quelques premières plantations. En peu de temps les voisins s'aperçurent que les trappistes n'étaient pas seulement des hommes de silence et de prière, mais aussi des agriculteurs intelligents, auprès desquels ils apprendraient l'art précieux de faire rendre à leurs terres ingrates une récolte un peu plus abondante.

Les éminents services rendus, sous ce rapport, par les moines de la Trappe datent de longtemps et sont reconnus par tout le monde. A ce titre, ils se sont fait une place à part dans l'histoire de la civilisation.

Toutefois, ceux pour lesquels nous écrivons nous en voudraient, et avec raison, si nous ne faisions pas remarquer tout de suite que l'agriculture n'est, au fond, qu'un détail de la vie des Trappistes et leur moindre but. On ne s'enferme pas dans un monastère de l'Ordre de Cîteaux pour devenir bon agronome et parfait maître de ferme. Avant tout le Trappiste est un religieux, c'est-à-dire l'homme de Dieu par excel-

lence, et ce n'est qu'incidemment qu'il devient
un modèle dans les travaux destinés à améliorer
le sort matériel des hommes.

Cette remarque est d'autant plus nécessaire
que la tendance à ne voir dans les religieux de
la Trappe que de vulgaires industriels ou de
bons fermiers est une tendance assez répandue
de nos jours ; il faut que l'on sache que les fondateurs de Cîteaux eurent des vues autrement
élevées ; et, Dieu merci, les fils de l'illustre
abbaye n'ont pas oublié le sublime programme
de saint Robert et de saint Bernard. Défricheurs
de champs, ils le sont pour assurer leur vie
matérielle, mais, avant tout et par dessus tout,
ils sont et veulent être moines, c'est - à - dire
des chrétiens qui aspirent et travaillent à acquérir le perfection évangélique. C'est là leur
première et réelle vocation. On le savait à
Notre-Dame-des-Neiges, et on y était vraiment
moine sous la conduite pieuse, intelligente et
ferme de Dom Gabriel.

Le jeune Prieur, voyant sa communauté s'accroître chaque jour, comprit que les bâtiments
de la Felgère allaient devenir bientôt insuffi-
sants et que l'on serait dans l'impossibilité,
même en les agrandissant, de leur donner la
distribution et l'ampleur d'une trappe régulière,

D'ailleurs, eut - il été sage de bâtir un monastère sur une côte aussi peu abritée ? Le vent
y souffle violemment en hiver, et les neiges y
sont jetées par des coups de rafales tellement
furieux, qu'on les voit assez souvent balayer
en un clin d'œil toute la montagne.

Et puis, une autre raison très grave militait
pour l'abandon de la vieille ferme. La petite
fontaine qui coulait dans la cour était suffisante
pour une famille ; elle ne l'était plus pour une
grande communauté. Il fallait donc se décider
à bâtir ailleurs, et dans un endroit plus propice.
La question fut posée devant le conseil de la
communauté, et après une sage discussion, il
fut arrêté que l'on élèverait le nouveau monastère sur les limites du territoire de la Felgère
et de l'ancien domaine de Compans (1), dont
les Pères venaient de faire l'acquisition.

Là on serait plus à l'abri et l'on aurait de l'eau
en abondance, grâce à la jonction, à cet endroit
même, des deux petits ruisseaux du Rieufrais (2)
et du Val des Loups (3).

(1) Aujourd'hui la ferme de Saint-Joseph.

(2) Petit cours d'eau qui descend de la Felgère.

(3) Celui qui vient du val de ce nom, aujourd'hui appelé
la *Solitude*.

Choisir le terrain et se mettre à l'œuvre se suivirent de près, puisque les premiers coups de pioche furent donnés en 1854.

Pendant ce temps les religieux d'Aiguebelle perdaient leur supérieur, par la mort de Dom Bonaventure, arrivée le 13 juillet. Quelques semaines après s'étant réunis pour lui donner un successeur, ils choisirent, à l'unanimité des voix, le Prieur de Notre-Dame-des-Neiges. L'élection eut lieu le 22 août ; et voici ce que nous trouvons, à ce sujet, dans une lettre du Père Polycarpe, écrite à son frère, le 26 du même mois :

« Une bonne, bien bonne nouvelle à t'annon-
« cer, mon cher ami ; après le deuil, la joie ;
« nous avons un nouveau supérieur. Celui que
« le Bon Dieu vient de nous donner est bien
« jeune encore — il n'a pas trente et un ans — ;
« mais ses talents et ses vertus lui ont acquis
« toutes les voix. C'est le Prieur actuel de
« Notre-Dame-des-Neiges , le Père Dom Ga-
« briel. Que Dieu soit loué ! »

Si, à Aiguebelle, on se réjouit d'une élection qui donnait pour chef à l'illustre abbaye un homme éminent , il n'en fut pas ainsi dans la petite communauté de la Felgère, où l'on avait su aussi apprécier les mérites de Dom Gabriel, son esprit d'initiative, sa douceur de caractère, et en particulier son rare talent de parole, qui rendait ses conférences si intéressantes et devait lui donner plus tard, dans les Assemblées des Chapitres Généraux de l'Ordre, une influence si prépondérante.

Il eut comme successeur à Notre-Dame-des-Neiges, le Révérend Père Emmanuel, qui mena rapidement les travaux commencés pour la construction du nouveau monastère.

Malheureusement, plusieurs de ces travaux furent exécutés dans de mauvaises conditions, au grave détriment de la pauvre communauté. Une fois, ce fut un système de toiture, nouvellement inventé, et qui laissait passer la pluie ; plus tard, c'était tout un pan de mur qui s'écroulait pendant la nuit, occasionnant une perte de 5 à 6.000 francs.

Aussi y eut-il un moment de profond découragement au monastère, et chez les personnes qui s'intéressaient à la fondation.

Devait-on continuer l'œuvre commencée ? La question fut posée nettement, et après un examen sérieux de la part des supérieurs majeurs, il fut décidé que l'on quitterait Notre-Dame-des-Neiges, vu les difficultés extraordinaires dans lesquelles se trouvait actuellement la maison

et celles que l'on prévoyait pour l'avenir. Cette
décision fut tenue cachée, afin de ménager l'impression fâcheuse qu'elle pouvait produire,
soit auprès des populations voisines de la Felgère, soit auprès des créanciers et des bienfaiteurs du monastère. Le départ se ferait par
petits groupes, et à intervalles suffisamment
distancés pour ne pas éveiller l'attention de
ceux qui avaient témoigné tant d'intérêt à la
fondation et lui avaient fait tant de bien,

§ II. — Arrivée de Dom Polycarpe et prise de possession du nouveau monastère.

Tandis que les Supérieurs majeurs étaient d'avis que l'on quittât Notre-Dame-des-Neiges, Dom Gabriel, qui avait été Prieur de la maison, insistait pour que la fondation fut maintenue. Il faisait valoir le bien opéré déjà, le grand nombre de vocations, les dépenses faites et le déshonneur qui reviendrait à toute la Congrégation pour n'avoir pas tenté au moins de continuer l'œuvre. En même temps il choisissait le Père Polycarpe, alors à la Grande Trappe, occupé à la révision du *Cérémonial cistercien,* pour aller présider au départ projeté et même déjà commencé.

Dom Gabriel connaissait le jeune Père Polycarpe et il l'appréciait. Instruit lui-même, d'esprit fin et ouvert, il était naturel qu'il distinguât chez l'ancien élève des Chartreux les heureuses qualités naturelles qu'une instruction soignée et une parfaite éducation avaient singulièrement développées. Comme Dom Gabriel, le Père Polycarpe était d'intelligence ouverte et de cœur généreux. Il voyait vite et juste, il se montrait calme et plein de courage devant l'obstacle, parce que sa confiance en la Providence était absolue.

Est-ce que l'abbé d'Aiguebelle, en l'envoyant à Notre-Dame-des-Neiges, nourrissait quelque espoir de trouver en lui le sauveur de l'œuvre qui lui était si chère et qui semblait actuellement perdue ? Nous le croyons, mais nous n'oserions pas l'affirmer. En tout cas, dès l'arrivée du Père Polycarpe à Notre-Dame-des-Neiges, il y eut un moment d'arrêt dans les préparatifs du départ, et bientôt l'ordre arriva de rester définitivement à la Felgère et d'y continuer l'œuvre commencée.

Que s'était-il passé ? Nous l'ignorons. Ce qui est certain, c'est que le Père Polycarpe, nommé Prieur titulaire le 20 juillet 1858, fit reprendre les travaux interrompus.

Sans doute il ne se faisait aucune illusion sur les difficultés présentes et sur celles de l'avenir. Il ne lui fallut pas longtemps pour se rendre compte que l'œuvre serait pénible, et si le site lui parut agréable, — on était au mois de juillet, — il vit bien que la Felgère n'était pas une terre riche et féconde. Pour arriver à établir là une trappe pouvant se suffire à elle-même, il faudrait du temps, de la peine et de la patience. Mais le Père Polycarpe savait que Dom Gabriel, son supérieur immédiat, tenait à Notre-Dame-des-Neiges, comme un père tient à son enfant. C'était pour lui une première raison de chercher à sauver la fondation. Il savait que pour les moines la peine est un bien, la patience une vertu traditionnelle et le temps une chose qui ne leur manque jamais, parce que les moines, comme les chênes des forêts qu'ils habitent, sont immortels.

Aussi c'est l'âme pleine de courage et de confiance qu'il se mit à l'œuvre. D'ailleurs, il trouvait à la Felgère une communauté nombreuse et particulièrement fervente, et il était bien persuadé que la promesse faite par Notre-Seigneur Jésus-Christ dans l'Évangile ne manquerait pas de se réaliser pour les enfants de Notre-Dame-des-Neiges. Ils sont là, se disait-il, plus de cinquante qui servent Dieu de tout leur cœur et qui cherchent sincèrement son royaume, il n'est pas possible que le nécessaire à leur subsistance ne leur soit pas accordé par surcroît.

Le Père ne se trompait pas. Dieu veillait sur ses enfants.

Tandis que les moines partageaient leur vie entre la prière, le chant de l'office divin et les

différents travaux d'agriculture que comporte
chaque saison, le nouveau monastère s'élevait
rapidement. Il était simple, mais vaste, bien dis-
tribué, et chacun attendait impatiemment le jour
où il lui serait permis de s'y établir et d'y goûter à l'aise les charmes d'une vie monacale plus
facilement régulière.

Les travaux de construction durèrent de quatre à cinq ans, et c'est le 16 juillet 1861 qu'eut
lieu la cérémonie de la bénédiction et de la
prise de possession du nouveau monastère.

Elle fut présidée par Mgr Faulquier, évêque
de Mende, de si douce et si sainte mémoire (1).

Le jour de cette bénédiction fait époque dans
l'histoire de Notre-Dame-des-Neiges, et mérite
une mention spéciale. Nous laisserons la parole à l'auteur inconnu d'une note trouvée dans
les archives de la maison et dans laquelle sont
décrits, en termes excellents, les intéressants
détails de cette inoubliable cérémonie.

« Monseigneur de Mende arriva à Notre-
Dame-des-Neiges, le 16 juillet 1861. Malgré

---

(1) Mgr Delcusy, successeur de Mgr Guibert sur le siège
de Viviers, retenu chez lui par une affaire importante, s'é-
tait excusé de ne pouvoir présider lui-même cette cérémonie.

les orages de la veille et de l'avant-veille qui avaient retenu les personnes éloignées, il y avait au monastère plusieurs milliers de visiteurs. On y comptait de quatre-vingt à cent ecclésiastiques, appartenant en majorité au diocèse de Mende ; plusieurs communautés religieuses, venues de Langogne, de Saint-Étienne-de-Lugdarès et même d'Alais ; toutes les personnalités marquantes du canton et la presque totalité des étrangers qui se trouvaient à ce moment en station balnéaire à Saint-Laurent. De bonne heure, toute la maison se trouva envahie, par les dames surtout qui savaient qu'elles n'avaient que deux jours pour visiter le monastère dans tous ses détails, et assister aux offices des religieux.

Quand Monseigneur se présenta à l'Eglise provisoire, elle était littéralement comblée par la foule, et c'est à grand peine que l'on put se frayer un passage pour la cérémonie de la bénédiction. Aussitôt après eut lieu la première messe, célébrée par Mgr Faulquier lui-même. Ensuite, assisté par les vénérables archiprêtres de Tueyts et de Langogne, entouré d'un clergé nombreux, il procéda à la bénédiction du monastère et des lieux réguliers.

Cette première cérémonie terminée, une

table frugalement servie en maigre réunit les
principaux invités, auxquels succédèrent indéfiniment d'autres invités ; car il y eut ce jour-
là table ouverte pour tout le monde. Tous
néanmoins ne purent pas y trouver place, et des
groupes nombreux se formèrent autour du mo-
natère, sous les ombrages, au bord du ruisseau, dont l'onde bienfaisante remplaça pour
beaucoup le vin de Champagne et de Bordeaux
que l'on ne trouve guère à la Trappe. La verte
pelouse servait à la fois de siège, de table et de
nappe. L'éclat des voix, le franc rire et l'ani-
mation des gestes indiquaient assez que tout
le monde était heureux.

Le soir, vers les trois heures, une nombreuse
procession, composée de religieux et de prêtres
en habit de chœur, s'organisa à l'ancien monastère pour le transfert des Saintes Reliques, com-
posées du corps presque entier de S. Prosper,
martyr, et des restes d'un grand nombre d'autres saints moins considérables. Placées sur
un brancard richement orné, elles furent por-
tées par quatre prêtres choisis parmi les plus
dignes, au milieu des chants et des hymnes de
triomphe. En arrivant dans l'église du nouveau monastère, on les exposa au milieu du
sanctuaire et l'on chanta en leur honneur l'office des vêpres.

Immédiatement après eut lieu la bénédiction de la cloche du monastère. Les prières de cette solennelle cérémonie, si belles par elles-mêmes et d'un symbolisme si admirable, empruntaient à la circonstance présente un caractère singulièrement touchant et élevé. La cloche pour le moine est, en effet, en toute réalité, le porte-voix de Dieu, l'âme du monastère ; elle prélude à tous les exercices de la vie claustrale. Elle appelle à l'office et au travail, elle marque les grandes heures de la journée, celles qui doivent être consacrées a la prière comme celles qui sont employées aux exercices de charité. La nouvelle cloche de Notre-Dame-des-Neiges, se fit entendre le soir même, vibrante et joyeuse, sonnant à toute volée le *Salve Regina*, qui fut chanté pour la première fois dans l'église du nouveau monastére et clôtura solennellement cette première et délicieuse journée.

Le lendemain, mercredi 17, la foule, quoique moins nombreuse, était encore assez considérable, et une procession magnifique put être organisée pour la translation du Très Saint-Sacrement, de la pauvre petite chapelle de la Felgère dans l'église provisoire du nouveau monastère.

C'était vers les huit heures du matin et par
un temps superbe. Il n'y avait pas un nuage
au ciel, dont le bleu foncé rappelait le ciel
d'Italie ; dans les champs et à travers les bois,
à peine une légère brise se faisait sentir, qui
inclinait doucement les fleurs, agitait un peu
le brin d'herbe encore tout couvert de rosée
et les feuilles argentées du saule et du hêtre.
Tout était radieux en cette inoubliable matinée toute de piété et de saintes émotions.

La divine Eucharistie allait quitter l'humble
ferme qui avait été le berceau de Notre-Dame-
des-Neiges, et Dieu seul sait ce qui se passa
au fond des cœurs lorsque fut donné une dernière bénédiction dans la pauvre chapelle de la
Felgère ! Pauvre, oui, elle l'était bien au sens
matériel du mot, mais comme elle était riche
de souvenirs ! Là, bien des larmes avaient été
versées, aux heures d'angoisses, de privations
et de découragement. Mais même en ces moments pénibles , est-ce que les consolations
n'étaient pas descendues abondantes et fortes
du tabernacle sacré où résidait le Dieu de la
paix et de la force ?

Le vénérable Monseigneur Faulquier, malgré
son grand âge et la fatigue du trajet, voulut
avoir l'honneur de porter lui-même l'ostensoir

dans lequel rayonnait l'hostie sainte. En tête
de la procession marchaient les religieux et le
clergé avec des cierges à la main. Derrière
venaient le personnel non religieux de la maison et la foule des fidèles. Le cortège s'avançait lentement, pieux et recueilli, par le chemin tout jonché de fleurs et de verdure qui
longe le vallon de Rieufrais et que l'on appelle
aujourd'hui le chemin de Notre-Dame, du nom
donné à la vieille ferme de la Felgère. Après
trois quarts d'heure de marche, la procession
fit son entrée dans le nouveau monastère. Les
voix, un peu affaiblies par les chants exécutés
pendant le trajet, retrouvèrent aussitôt leur
énergie et pour la première fois les murs du
cloître retentirent de l'*hosanna filio David*.

Une nouvelle bénédiction fut donnée par
Monseigneur, et la messe solennelle, célébrée
par le Révérend Père Dom Polycarpe, fut chan-
tée avec entrain et ferveur par les religieux et
tout le clergé présent dans l'église.

Le soir eut lieu la bénédiction de la statue de
la Vierge qui domine la grande porte et qui est
comme la sentinelle vigilante de la maison,
posuerunt me custodem. Aussitôt après, bénédiction encore d'une seconde statue de la Sainte
Vierge, celle qui se trouve sur une colonne à

la jonction de la route du monastère avec celle
qui conduit à Saint-Laurent, placée là comme
pour inviter le voyageur à aller réparer à la
fois son corps et son âme dans la retraite et le
silence. L'aller et le retour se firent en procession au chant du *Magnificat* et des litanies de
la Très Sainte Vierge.

Et ce fut la clôture de ces deux jours bénis
dont la mémoire vivra longtemps dans l'esprit
des religieuses populations cévennoles.

Les charmes de cette fête, ajoute notre nar-
rateur inconnu, ont été relevés par la parole
douce, insinuante et toute de cœur de Monseigneur l'Evêque de Mende. Sa Grandeur a bien
voulu, à diverses reprises, expliquer le but de
la fête, le sens des diverses cérémonies, montrer le bonheur de la vie religieuse, même au
point de vue temporel, les nombreux bienfaits
qui en découlent pour la société. « Soyez bénis,
« disait-il en terminant, généreux fondateurs...
« soyez bénis, fervents religieux qui avez sup-
« porté les épreuves et les fatigues de la pre-
« mière heure... soyez bénis, vous tous qui
« avez contribué à cette œuvre bienfaisante...
« vous tous, qui êtes venus en ce jour pour
« appeler la protection du ciel sur le nouveau
« monastère ! »

Le Révérend Père Polycarpe, Prieur du monastère, a ensuite présenté en son nom et en
celui de sa communauté les sentiments de vive
reconnaissance dont il était animé envers Monseigneur l'Évêque de Mende, pour l'honneur
qu'il lui avait fait en acceptant de présider les
consolantes, mais pénibles cérémonies de ces
deux solennelles journées : « A ce titre et en
« signe de profonde gratitude, le nom de Votre
« Grandeur sera inscrit désormais non seule-
« ment dans nos cœurs, mais encore à la tête
« de la plus belle page des annales de ce mo-
« nastère. »

Ce furent les dernières paroles de Dom Polycarpe et le couronnement officiel de l'inaugura-
tion.

La vie du monastère allait maintenant reprendre son mouvement et sa régularité ordinaires.

Sans doute tout n'était pas encore complet et
parfait dans la nouvelle maison, mais on avait
au moins le suffisant, l'on se sentait à l'aise et
l'on pouvait enfin faire revivre à Notre-Dame-
des-Neiges tous les usages et toutes les traditions de la vie monastique, telles que les fondateurs l'avaient connue et pratiquée à Aiguebelle.

Dom Polycarpe était le premier à se réjouir de cette facilité que l'on trouvait dans la nouvelle maison pour l'observance exacte et rigoureuse des règles monastiques, car il avait le désir de voir à Notre - Dame - des-Neiges une trappe modèle, dans laquelle on s'inspirerait constamment des véritables traditions de l'ordre cistercien.

Aussi bien, tout en s'occupant très activement de l'organisation matérielle du monastère, du reboisement des montagnes, de la canalisation des eaux pour les jardins et les prairies, du défrichement des terrains incultes, le Père Polycarpe ne perdait nullement de vue la chose importante par dessus toutes les autres, c'est-à-dire, l'entretien de la ferveur religieuse par la fidélité à la Règle.

Pendant que l'on était à la Felgère, on avait sans doute pratiqué cette fidélité, car on savait bien qu'elle seule pouvait donner le courage de supporter les privations et les sacrifices inhérents à toute fondation ; mais, par la force même des choses, certains exercices, sans être omis complètement, avaient dû être au moins modifiés.

Une fois en possession de la maison nouvelle, toutes les dispenses ou modifications cessèrent, et l'on se mit à l'exécution rigoureuse de la Règle, tant pour le lever du matin que pour le chant des offices.

Quelquefois peut-être, à Matines surtout, les oreilles trop délicates et initiées à la science de la belle musique, auraient pu ne pas être complètement satisfaites ; — Dom Polycarpe plaisantait lui-même très volontiers sur le peu de complaisance de sa voix, et plusieurs lui ressemblaient sur ce point ; — mais qui n'eût pas été édifié de voir un chœur aussi complet à l'heure de l'office, et l'admirable entrain qui animait les fervents disciples de saint Bernard ?....

§ III. — Œuvres industrielles et agricoles.

La prise de possession du nouveau monastère, en enlevant toute pensée de translation de la communauté de la Felgère, imposait à Dom Polycarpe le devoir d'assurer l'avenir de Notre-Dame-des-Neiges.

Jusqu'ici, il avait dû se borner aux « *affaires courantes*, » car, bien qu'il eût reçu avis d'essayer de continuer l'œuvre qu'on avait eu un moment la pensée d'abandonner, il ne savait trop à quoi mèneraient ses essais, et cette pensée paralysait singulièrement sa naturelle activité. Maintenant il ne doutait plus du succès. Il se mit donc à l'œuvre avec autant de courage que d'intelligence, et c'est là qu'il a montré ce qu'il était, ce qu'il valait et ce qu'il pouvait.

Son but était d'assurer la prospérité de Notre-Dame-des-Neiges, tant au point de vue matériel qu'au point de vue spirituel. L'œuvre était de nécessité absolue ; c'était une question de vie ou de mort pour la maison. Il fallait à tout prix trouver les ressources matérielles pour vivre et avoir des vocations pour le recrutement du personnel religieux.

Or, c'était là précisément ce qui manquait à Notre-Dame-des-Neiges ; il y avait pénurie de ressources temporelles et pénurie de vocations pour les religieux de chœur. L'obstacle était grand, et Dom Polycarpe s'en rendait très bien compte. Il comprenait qu'il faudrait non seulement de la patience, mais du temps, beaucoup de temps, pour arriver au résultat désiré.

S'il s'est trompé quelquefois, — et quel est l'homme à qui cela n'est pas arrivé ? — Dom Polycarpe ne se trompa pas sur la situation ; son esprit prompt et ouvert vit aussitôt que le plan était d'arrêter un programme dont l'exécution aboutirait, tôt ou tard, au succès. Peut-être ne le verrait-il pas lui-même ce succès et n'en jouirait-il pas, mais il était moine, et les moines ne meurent pas. Ce qu'il ne verrait pas, ses enfants et ses disciples le verraient et en jouiraient.

L'avenir a donné raison au bon Père, et s'il avait besoin d'être justifié, il le serait surabondamment à l'heure actuelle, où ses œuvres prospèrent et ont donné leurs premiers fruits.

Le premier obstacle qui s'opposait à la prospérité de Notre-Dame-des-Neiges, c'était le manque de ressources temporelles.

D'après les constitutions cisterciennes, les

religieux de la Trappe doivent vivre de la cul-
ture des terres et de l'élève du bétail. Or le sol
stérile de la Felgère ne donne, à la fin de l'été,
et après des soins infinis que de maigres récoltes de seigle, de pommes de terre et de foin.
Arriverait-on jamais , avec des éléments aussi
ingrats, à se suffire ? Il ne fallait pas trop l'espérer, et force était de trouver une industrie
quelconque pour compenser ce que l'on ne
pourrait retirer du territoire acquis au monastère.

En attendant Dom Polycarpe chercha à augmenter les revenus agricoles de Notre-Dame-
des-Neiges.

Avant lui on avait agrandi progressivement
les prairies et les terrains cultivés ; on s'était
occupé de faire des plantations sur les hauteurs,
autant pour s'abriter contre les grands vents et
la tourmente que pour avoir plus tard du bois
que l'on livrerait à l'industrie.

Le Père Polycarpe continua ces améliorations
et peu à peu on vit s'accroître les récoltes de
seigle et de pommes de terre ; les foins devin-
rent plus abondants et les troupeaux plus nombreux ; les plants de sapins s'élevèrent par
milliers sur les cimes dénudées de la grande
propriété de la Felgère.

Tout le monde admire aujourd'hui la belle tenue des terres de Notre-Dame-des-Neiges, et il n'est pas de visiteur qui ne remarque la parfaite disposition des bois, des prairies, des jardins, des champs, des routes et des divers chemins qui desservent le « domaine de la Trappe. » Or, tout cela est l'œuvre des disciples de Dom Polycarpe qui se font gloire d'avoir simplement mis à exécution le plan tracé par lui.

Cependant, quoi qu'il pût en advenir plus tard et malgré les excellents résultats obtenus (1), il était évident que la communauté de Notre-Dame-des-Neiges ne pouvait pas pour le moment vivre avec les seules ressources fournies par la propriété. Que faire ? Tout simplement ce qui se pratiquait ailleurs ; avoir une industrie quelconque qui donnerait du travail aux religieux et augmenterait les revenus. C'est ce que tenta Dom Polycarpe.

Avouons-le, il y eut plusieurs essais qui ne furent pas heureux. Mais qui donc oserait se

(1) Les Révérends Pères Trappistes ont obtenu de nombreuses primes dans divers concours, entre autres dans les concours régionaux de Mende 1866 et 1867. Notre-Dame-des-Neiges, y figure pour sept premiers prix — sept médailles d'or — avec le prix d'ensemble, décerné par le ministre de l'Agriculture (objet d'art, groupe en argent).

vanter de n'avoir jamais éprouvé d'échec **en**
ses entreprises ? On a toujours dit que ceux-là
seuls qui ne tentent rien ne perdent rien. A
Notre-Dame-des-Neiges, il y eut donc des
essais qui ne furent pas fructueux, et souvent
pour des motifs qui sont tout à l'éloge de Dom
Polycarpe ; on le trompait, ce qui était assez
facile, étant donné sa nature essentiellement
droite et loyale.

Mais s'il y eut des insuccès, il y eut aussi des
réussites. Ainsi ce fut une très heureuse inven-
tion que celle de *l'alcoolature d'arnica*, décou-
verte par Dom Polycarpe lui-même, et qui n'a pas
cessé, depuis trente ans, d'être pour la maison
la source de son revenu le plus net. La plante
d'arnica croît en abondance sur les hautes
Cévennes, les Trappistes en font eux-mêmes
la cueillette dans le courant du mois de juin, et
c'est dans leurs propres caves que se font les
diverses préparations pharmaceutiques que l'on
expédie par caisses sur presque tous les points
du monde (2). Dom Polycarpe ayant eu l'heu-

(2) L'arnica a valu au monastère de Notre-Dame-des-
Neiges, une médaille de mérite à l'exposition de **Paris de**
1867 ; une médaille de bronze à l'exposition de **Lyon** de
1877 ; une médaille d'or a l'exposition de Marseille 1874 ;
une médaille d'honneur décernée par l'Académie nationale
1874.

reuse pensée, en 1870, d'en envoyer deux mille flacons à l'Armée du Rhin, reçut du ministre de la Guerre et de l'Intendant Général deux lettres spécialement flatteuses pour les religieux de la Trappe.

C'est encore dans le but de procurer des ressources à Notre-Dame-des-Neiges, que le Père Polycarpe jugea bon de conserver une petite propriété qui appartenait à l'un de ses religieux et qui était située dans le Gard, sur la commune de Saint-Julien de-Cassagnas, à quelques kilomètres d'Alais. La propriété était fertile, plantée en vignes et en mûriers, on pouvait l'agrandir et établir là une ferme que l'on exploiterait au bénéfice de la maison de la Felgère. La pensée de Dom Polycarpe était pratique et parfaitement conforme aux traditions de l'ordre de Cîteaux, dont les principaux monastères eurent de tout temps des fermes, où étaient délégués quelques frères, avec au moins un religieux prêtre, pour diriger l'exploitation des terres dépendant de la maison-mère. La ferme de Saint-Julien s'est agrandie peu à peu, elle a prospéré, et est venue en aide à Notre-Dame-des-Neiges.

Pendant qu'il s'occupait de ces différentes œuvres générales, Dom Polycarpe ne négli-

geait aucun des détails qui assurent le bon
fonctionnement d'une grande maison comme
la sienne. Il voulut, toujours dans un but
d'économie, que le monastère fût pourvu des
différents services nécessaires à une vaste
exploitation, tels que menuiserie, serrurerie,
etc... De là, ces ateliers établis à la suite des
deux ailes principales du monastère, dont l'or-
donnance parfaite embellit l'ensemble de la
construction et facilite la distribution des divers services.

Peut-être on se demandera pourquoi nous
avons cru devoir mentionner ces menus détails
et quelle importance nous y trouvons ? Nous
répondrons que c'est par les détails qu'une
maison se conserve et qu'une communauté vit
et se développe. Sans doute, la chose capitale,
dans une Trappe surtout, c'est la vie religieuse
proprement dite, mais qui ne connaît le vieil
adage : Avant de s'occuper de haute philosophie il faut vivre ! Cette impérieuse nécessité
de la vie matérielle se fait sentir aussi bien
dans une communauté que dans une famille ordinaire, et il est du devoir du supérieur, chef
de cette famille, de travailler à assurer à ses
enfants spirituels, le pain quotidien qui nourrit
le corps, en même temps que celui qui nourrit
les âmes.

Le souci de la vie matérielle n'est-il pas l'un des grands obstacles qui empêchent l'âme de s'élever jusqu'aux régions supérieures où l'on vit de foi, de renoncement et d'amour? Et n'est-ce pas précisément parce qu'il est débarrassé de ce souci, que le religieux se sent plus libre et peut pratiquer à la lettre le conseil de l'Évangile : « Ne vous inquiétez point pour votre vie de ce que vous mangerez, ni pour votre corps de quoi vous vous vêtirez » (1).

Mais cette liberté même et cette indépendance, d'où viennent-elles, sinon de la sagesse du supérieur en laquelle chacun s'abandonne et se confie pour vivre dans la prière, le recueillement et la paix ?

(1) S. Mathieu, vi-25.

§ IV. — Le pasteur Viguié et le jeune supérieur de Notre-
Dame-des-Neiges.

Nous avons eu l'heureuse fortune de découvrir, dans les archives de l'Académie du Gard, un petit *fascicule* qui remonte à l'époque où nous en sommes de notre histoire, et dans lequel il est parlé de Notre-Dame-des-Neiges et de Dom Polycarpe.

Le récit que nous y avons lu nous a paru si intéressant que nous ne résistons pas au plaisir de faire un emprunt, persuadé que le lecteur ne le trouvera pas hors de propos.

Une excursion avait été organisée, dans le courant du mois de juin de l'année 1869, par l'Ingénieur en chef de la Compagnie des chemins de fer P. L. M., sur la nouvelle voie ferrée d'Alais à Brioude. La petite troupe se composait des principaux ingénieurs du Gard, de l'ingénieur en chef du département de l'Hérault et de quelques amateurs de promenades à travers les montagnes.

Parmi ces derniers se trouvait M. Viguié,

alors président du Consistoire de Nimes et de l'Académie du Gard.

De retour de l'excursion, M. Viguié crut être agréable à ses collègues de l'Académie en leur faisant la relation de son voyage dans les Cévennes, et nous ne doutons pas que la docte Compagnie n'ait été particulièrement intéressée en entendant le ministre protestant raconter sa visite à la Trappe de Notre-Dame-des-Neiges.

Voici son récit :

« Avant d'examiner de nouveau les travaux du chemin de fer, nous allons à la Trappe, au couvent de Notre-Dame-des-Neiges, où nous sommes attendus pour passer la nuit. A neuf heures, après cinq heures de marche, nous pénétrions sous les grands arbres qui environnent la Trappe ; des religieux, suivis de leurs beaux chiens de montagne, viennent à notre rencontre ; nous sommes reçus avec empressement par les bons Pères et introduits dans une vaste salle où nous attend une splendide hospitalité.

» Je me faisais une fête de cette visite à la Trappe : cet épisode de notre excursion avait pour moi un attrait particulier. Mon attente n'a pas été déçue, en ce sens que si je n'ai pas trouvé tout ce que mon imagination se plaisait à rêver, j'y ai trouvé autre chose et peut-être mieux. Toute manifestation sincère du sentiment religieux, alors même qu'elle me paraît erronée, m'est sympathique ; aussi, et avec les naturelles réserves qu'il est pour moi inutile de faire, l'impression que j'ai reçue dans cette paisible retraite est en somme excellente.

» Le nom de la Trappe réveille à l'esprit les plus sombres, les plus tragiques images : c'est la dure expiation, la vie sans cesse martyrisée, la mort constamment évoquée, le tombeau creusé chaque jour, l'âme séparée à jamais du commerce des vivants, le silence éternel interrompu seulement par le terrible « *memento mori*. » Là souffrent, prient et attendent les cœurs dévastés, jetés en ces lieux par la tempête sociale, les esprits qui ont rompu avec la famille, avec la patrie, avec le siècle, ceux qui ont en haine ce monde qui les a perdus, les austères, les farouches irréconciliables de la société.

» Il faut revenir de cette impression. Ce qui frappe chez ces religieux au contraire, c'est qu'ils sont très ouverts et très sympathiques à l'esprit moderne. Nul n'a salué avec plus de joie l'établissement du nouveau chemin de fer ; ils en attendent l'ouverture avec impatience,

ils en apprécient d'avance tous les bienfaits, ils
en ont facilité, autant qu'ils l'ont pu, la construction ; ils ont, par un des pères les plus intéressants, et dont j'emporte le plus doux souvenir, 'par un ancien chirurgien-major de l'armée, ils ont rendu des services à la Compagnie
en soignant avec dévouement les malades ; le
nom de l'ingénieur en chef est connu, estimé
et aimé de chacun d'eux. Ils ne sont nullement étrangers à nos mouvements politiques,
ils réclament le titre de citoyen et leur droit
de suffrage, ils se plaisent à dire que leur cons-
titution est essentiellement démocratique et
que les pouvoirs de leur supérieur émanent du
vote de la communauté.

» Ils sont fort accessibles à tous les progrès
industriels et agricoles ; leur domaine est admi-
rablement tenu, et les améliorations les plus
récentes sont tentées avec intelligence, non sans
succès ; et puissent-ils avoir bien des imita-
teurs. Ils ont entrepris le reboisement de leurs
montagnes ; les pâturages, l'élève des bestiaux,
la conduite des cours d'eau sont l'objet de leurs
soins. Sur ces hauteurs le propriétaire est
obligé de récolter et de semer presque en
même temps, en octobre ; les trappistes viennent d'essayer de semer au printemps, et cet
essai leur donne des espérances.

» Ils sont au fait des meilleurs engrais, des
produits les plus recommandables, des métho-
des nouvelles exposées dans les journaux d'a-
griculture. On est frappé en entrant dans leurs
fermes de la quantité de médailles obtenues par
eux dans les concours, et elles sont placées là
comme des titres d'honneur qu'ils sont fiers de
montrer.

» Il ne faut pas non plus se représenter les
Trappistes de Notre-Dame-des-Neiges comme
des esprits agités de noires visions, courbés
sous le remords et exténués de pénitences ex-
piatoires. Non, ce n'est pas la note qui domine ;
celle qui domine, c'est la paix, la sérénité ; ces
visages expriment l'humilité, la tranquillité heureuse. — Si vous saviez comme nous sommes ici paisibles, comme nous nous aimons
entre frères, comme il y a de la douceur dans
cette retraite et dans ce calme de tous les instants !

» Ainsi me parlait un des plus distingués
religieux ; à quoi je répondis :

» — Vous n'avez pas besoin de me le dire,
je le vois.... »

Après cela, M. Viguié émet quelques pensées, d'ordre plus général , sur les grands

devoirs de la vie, sur la famille avec ses joies
et ses douleurs, sur la liberté avec ses grandeurs et ses périls ; sur la prière individuelle,
sur la méditation persònnelle, sur l'étude, etc. ;
toutes pensées très élevées, certes, mais dans
lesquelles se révèle nettement, quoique avec
discrétion, le défenseur du « *libre examen.* »
Puis, revenant à Notre-Dame-des-Neiges, le
pasteur protestant se demande quelle peut
bien être la cause de l'esprit de paix qu'il a
trouvé dans cette maison.

« L'esprit de sérénité qui nous a frappé à Notre-Dame-des-Neiges, dit-il, n'est peut-être pas
l'esprit général de toutes les maisons de cet
ordre (1) : chaque maison a son esprit. Les établissements de la Trappe sont indépendants
l'un de l'autre, et les religieux avec qui nous
nous entretenions insistaient sur ce point. Cette
disposition heureuse de tranquillité souriante
est due peut-être en grande partie au supérieur
de Notre-Dame-des-Neiges. Très jeune encore,
ouvert, sympathique, intelligent, d'allure franche, distinguée et loyale, ce religieux dirige

----

(1) Si M. Viguié avait eu l'occasion de visiter une autre
Trappe il aurait certainement constaté que toutes se res-
semblent à ce point de vue ; dans toutes il eût trouvé l'esprit de paix et de joie.

l'abbaye depuis quatorze ans et a certainement imprimé à son couvent les heureuses qualités de sa nature. Il nous fit les honneurs de sa maison avec une dignité et une grâce parfaites, et sa parole, aussi bien que l'œuvre qu'il a accomplie, révèlent des dons rares et des aptitudes peu communes. Il semble avoir fait passer dans l'âme et dans la figure de ses religieux cette douceur sereine et cette aménité qui doivent être le fond de son caractère».

Ceux qui ont connu Dom Polycarpe diront volontiers avec nous, que, si flatteur qu'il soit, le jugement porté par M. Viguié est parfaitement exact. « Intelligent, ouvert, sympathique, distingué », le Père Polycarpe l'était à un degré supérieur, et il ne fallait pas longtemps pour reconnaitre qu'en effet il avait reçu du ciel « des dons rares et des aptitudes peu communes».

Les œuvres qu'il a réalisées, aussi bien que celles qu'il médita, témoignent d'une ampleur d'esprit et d'une générosité de cœur peu ordinaires. Ce n'est pas un homme d'intelligence commune qui aurait projeté la fondation d'un hospice pour les pauvres épileptiques, dans l'ancienne ferme de la Felgère. Cette œuvre n'a pas été continuée, pour des causes d'intérêt majeur, mais l'idée elle-même était une idée élevée et généreuse. Nous en dirons autant du consentement donné par Dom Polycarpe aux sollicitations pressantes qui lui furent faites par Monseigneur l'évêque de Mende et par Monseigneur l'évêque de Viviers, pour l'acceptation de l'orphelinat du Choisinets (1), que les Frères des Écoles chrétiennes devaient abandonner. Il y avait de durs sacrifices à faire, mais l'œuvre était belle, faite pour tenter un noble cœur ; Dom Polycarpe, qui prévoyait les sacrifices, voulut voir surtout le côté surnaturel de l'affaire qui lui était proposée, et si cela n'eût dépendu que de lui, l'orphelinat du Choisinets eût été accepté, et il vivrait encore sous la direction des Trappistes de Notre-Dame-des-Neiges.

N'est-il pas dans la nature même des cœurs grands et des âmes fortes, de se dépenser et de chercher à se donner ? Travailler, travailler beaucoup, travailler sans relâche et hardiment, pour faire le plus de bien possible, est leur premier besoin. Or, tel était Dom Polycarpe : nature vivante, avide d'action, et à cause de cela toujours à l'œuvre, sans cesse à la re-

____

(1) Situé près de Langogne (Lozère).

cherche de quelque chose à faire , parce que son cœur lui montrait chaque jour un bien nouveau à réaliser ; et chez lui, quand le cœur parlait, il n'y avait plus ni doute, ni hésitation ; il allait vite et sans compter, visant à faire bien et grand.

C'est du reste ce que l'on reprochait quelquefois au bon Père. Il répondait simplement : « Que voulez-vous, je ne me suis point fait ; et je n'aime pas ce qui est petit ! » Si c'est là un défaut, nous pensons que c'est au moins un noble défaut. Et qui sait si ce n'est pas ce défaut même qui a sauvé Notre-Dame-des-Neiges ?

Au milieu des épreuves que traversa la fondation de la Felgère et qui compromirent son existence, il a fallu les coups de véritable hardiesse tentés par Dom Polycarpe, pour que les supérieurs majeurs se soient enfin décidés à laisser poursuivre une œuvre qui rencontrait, dans ses débuts, des obstacles si considérables.

Nous avons la persuasion qu'avec un supérieur timide et trop prudent — au sens humain s'entend — la Trappe de Notre-Dame-des-Neiges n'existerait pas. Personne n'ignore, en effet, qu'il y a des œuvres qui ne vivent que parce

qu'elles ont eu pour les établir des hommes
que le jugement commun taxait de téméraires ;
et pour qui connaît l'histoire intime de Notre-
Dame-des-Neiges, c'est une chose évidente
qu'il a fallu de la hardiesse et une certaine au-
dace pour mener à bonne fin cette fondation.
C'est là, pensons-nous, le mérite et le premier
titre d'honneur du Père Polycarpe.

Il en eut d'autres et en particulier celui de
créer une école monastique, pour le recrutement des religieux de chœur. Parmi les œuvres
qui ont été établies par le Révérend Père, celle-ci, qu'on a appelée l'*Alumnat*, a occupé une
si grande place dans son cœur que nous n'hésitons pas à lui consacrer un chapitre spécial.

§ V. — L'Alumnat.

Le second obstacle à vaincre pour assurer la prospérité de Notre-Dame-des-Neiges, était la pénurie de vocations pour les religieux de chœur. Les frères convers, sortis presque tous des classes agricoles, enfants du pays et faits pour la plupart au travail des mains, s'accoutumaient assez aisément à un genre de vie qui différait peu de leurs habitudes premières. Aussi les vocations étaient nombreuses de ce côté-là.

Les postulants de chœur, au contraire, étaient rares, et plus rares encore ceux qui avaient le courage de persévérer jusqu'à la profession. C'est que la vie de la Trappe est une vie dure, et vers laquelle rien d'humain ne peut attirer. Celui qui se fait trappiste ne peut songer ni aux saintes joies du ministère pastoral, ni aux légitimes triomphes de la chaire chrétienne, ni aux agréments que procurent d'habitude l'application à l'étude et la pratique de l'enseignement de la jeunesse.

Vouloir être trappiste, c'est renoncer au

monde pour de bon , c'est se résoudre à entrer dans un cloître où l'on partagera sa vie entre la méditation, le travail manuel et le chant de l'office divin ; avec cela un jeûne et un silence perpétuels. Il est, dès lors, bien évident que pour rester à la Trappe il faut une vocation à part et des habitudes spéciales ; et ce n'est pas la vie ordinaire du monde, ce monde fût-il celui d'un collège chrétien ou même d'un petit séminaire, qui peut créer de pareilles habitudes et donner le goût d'une telle vie.

Dom Polycarpe était trop perspicace pour ne pas s'en rendre compte.

Aussi, en face de la pénurie de postulants pour le chœur, et après mûres réflexions et quelques essais isolés, se décida-t-il à fonder une école monastique, par l'institution d'un *Alumnat*. En cela, le supérieur de Notre-Dame-des-Neiges ne faisait que reprendre les vieilles traditions de l'Eglise et des grands ordres monastiques.

De tout temps, les supérieurs de monastère, comme les évêques dans leur diocèse, eurent leur *seminarium*, leur séminaire, c'est-à-dire une pépinière où se formaient, dans l'étude et la pratique de la discipline, les futurs prêtres et les futurs moines. « C'est chose permise et

« louable, dit saint Thomas d'Aquin, de rece-
« voir de jeunes enfants dans les monastères,
« de les y élever pour la vie religieuse, de les
« exercer de bonne heure à l'art sacré qu'ils
« professeront plus tard, quand l'usage com-
« plet de leur liberté et les règlements ecclé-
« siastiques les y autoriseront. »

Mais si l'œuvre était bonne et conforme à l'esprit monastique, elle demeurait très délicate dans la pratique.

Que serait-elle cette école ? — Quels enfants y recevrait-on ? — Quelle serait au juste la vie à laquelle on les soumettrait, étant donné le but à atteindre ? — Serait-ce la vie des écoles presbytérales et des petits séminaires, ou bien la vie du noviciat de la Trappe, avec les adoucissements indispensables que réclamerait l'âge des élèves ? — Tout autant de questions qui se posaient et qu'il fallait résoudre sagement, si l'on voulait que l'œuvre prospérât.

Dom Polycarpe qui avait été à si bonne école, tant au point de vue de la formation littéraire que sous le rapport de la formation à la vie religieuse, était à même, mieux que personne, de concevoir et de tracer le programme qui régirait l'*alumnat*. Le but de l'œuvre était de préparer des religieux, et des religieux prêtres ; d'où la double et capitale question du choix des jeunes aspirants et des études auxquelles on les appliquerait.

D'abord il fut établi que l'on n'accepterait qu'un nombre très restreint d'élèves, de douze à quinze en moyenne, afin de ne pas trop charger le budget de la maison, et aussi afin de pouvoir donner aux enfants des soins spirituels et intellectuels plus immédiats et plus efficaces.

Quant au choix à faire pour le recrutement de l'école, la grande règle était de ne prendre que des enfants ayant déjà fait la première communion et manifestant par leur piété et leur intelligence des dispositions et des aptitudes réelles pour la vie religieuse. Évidemment les demandes affluèrent de la part des familles nombreuses et très chrétiennes qui forment la grande majorité de la population du Vivarais, de la Lozère et de la Haute-Loire. Dans ces pays de foi solide et de mœurs encore simples et saines, on tient pour un grand honneur de pouvoir donner un fils à l'Église et à la Religion.

Dom Polycarpe pensa, comme cela était tout naturel, qu'il serait bon, dans l'examen des demandes, de donner la préférence aux parents des religieux de la maison. L'esprit de famille

y gagnerait, et aussi l'influence que l'on aurait
à exercer sur les enfants, puisqu'elle serait
double, celle du supérieur et celle du parent
de l'enfant.

L'école fut établie dans une aile du monastère, mais en dehors de la communauté. C'était
une mesure très sage , et sur laquelle Dom
Polycarpe ne transigea jamais. Il estimait, avec
raison, que cette séparation était réclamée autant par l'intérêt des enfants que pour la vie de
silence que doivent mener les religieux de la
Trappe. Les *Oblats* — c'est le nom que l'on
donnait aux élèves de l'école monastique —
ne paraissaient en communauté que le matin
pour l'office de Prime, et le soir à l'exercice
de la lecture spirituelle et au chant du *Salve
Regina*. Les dimanches et les fêtes, ils assistaient à tous les offices. En dehors de ces circonstances les exercices de la petite communauté avaient lieu dans le local même de
l'*Alumnat*, où se trouvaient une chapelle, une
salle d'étude, un dortoir, un réfectoire et les
principales salles de classe.

D'ailleurs, à la tête de la jeune et vivante
petite famille était placé un religieux-prêtre,
avec le titre de Père-Maître, c'est-à-dire de
directeur. Dom Polycarpe, qui savait tout ce

qu'il faut de sagesse, de tact et d'intelligence
pour conduire et former des enfants, s'appli-
qua toujours, avec un soin tout spécial, au
choix des pères-maîtres de l'Alumnat. Il fallait
un homme qui sût en même temps se faire
aimer et se faire craindre, ce qui n'est le talent
que d'un très petit nombre. Dom Polycarpe eut
le bonheur de trouver ce qu'il désirait, et les
différents Directeurs de son cher Alumnat pré-
sidèrent toujours sagement à la formation, soit
spirituelle, soit intellectuelle, des enfants qui
leur furent confiés.

Au spirituel, la vie de la jeune école était
celle qui peut le mieux former les âmes à la
piété véritable ; assez d'exercices, mais pas
trop, afin de laisser une bonne part à l'initiative personnelle que le Père Polycarpe voulait
favoriser le plus possible, tout en la dirigeant
par ses conseils, tantôt dans des conférences
qu'il donnait devant tous les enfants réunis,
tantôt dans l'intimité de la direction spirituelle
proprement dite.

Combien, parmi ceux qui eurent le bonheur
de l'avoir pour père, gardent, impérissable et
au nombre des meilleurs, le souvenir vraiment
délicieux et réconfortant de ces moments bénis
passés dans le tête à tête et le cœur à cœur

d'une âme qui lisait si bien dans l'âme de ses enfants, et qui avait le don rare de savoir se montrer père sans laisser jamais oublier qu'il était un maître et un supérieur !

S'il est un art difficile, c'est bien celui que l'on appelle « l'art de conduire les âmes, » surtout les âmes d'enfant. Sait-on bien, à quinze ans et même à dix-huit ans, ce que l'on est et ce que l'on veut ? Tel qui se voyait à cet âge futur soldat ou médecin, est aujourd'hui prêtre ou moine, et tel autre qui ne rêvait que missions et travaux apostoliques est simple père de famille ou bon militaire.

Il fallait donc, à celui qui s'occupait de l'âme des enfants de l'Alumnat, beaucoup de clairvoyance, de tact et de sagesse, pour ne pas s'exposer au danger de gêner leur liberté, tout en travaillant à les former et à leur donner le goût de la vie religieuse. C'est une chose si grave que de faire fausse route en ce bas monde, et il en faut quelquefois si peu pour qu'une âme soit jetée hors de la voie qui lui a été marquée par la divine Providence !

On ne pourra pas dire de Dom Polycarpe qu'il tomba jamais dans ce danger. Il était d'esprit trop élevé, il avait trop grand cœur et l'âme trop indépendante pour ne pas tenir pour sa-

cré le bonheur de ses chers enfants ! Aussi se
faisait-il une règle absolue de leur laisser une
entière liberté quand venait l'heure des solennelles décisions ; et quelle parfaite délicatesse
il y mettait !

Un jour, ils étaient cinq devant lui qui demandaient, après deux années de noviciat, à
être admis à l'honneur de la profession religieuse. Entre autres paroles, ils entendirent
tomber celles-ci des lèvres de ce Père bien
aimé : « Je connais les sentiments de vos cœurs,
« je sais ce qu'ils contiennent d'attachement et
« de reconnaissance pour cette maison, où vous
« avez été reçus avec tant d'affection et où l'on
« sera si heureux de vous garder ; eh bien !
« mes chers enfants, je vous en conjure, au
« nom de l'amitié que j'ai pour vous, veuillez
« oublier tout ce passé qui semble vous at-
« tacher à nous , faites taire tous les senti-
« ments humains qui pourraient vous retenir,
« et si vous ne vous croyez pas appelés, n'hé-
« sitez pas, allez où Dieu vous appelle ; pour
« nous, nous nous regarderons toujours comme
« votre père : loin de vous oublier, nous vous
« suivrons partout de notre affection, de nos
« conseils, de nos encouragements et de notre
« utile protection ; nous vous en faisons la pro-
« messe solennelle... »

Les études de l'Alumnat étaient celles des petits-séminaires et des collèges secondaires, dont on suivait à peu près les programmes. Quelquefois, dans un but d'émulation, et aussi pour se rendre compte du niveau de ces études, le Père Polycarpe demanda à certains supérieurs la permission de faire comparer les copies de ses élèves avec celles des élèves de leur maison ; il obtint même qu'on les fit concourir, et il eut plus d'une fois la satisfaction d'apprendre que les enfants de Notre-Dame-des-Neiges tenaient une place honorable parmi les concurrents. D'ailleurs, ceux d'entre eux qui quittaient l'Alumnat, pour entrer soit au petit, soit au grand-séminaire, prouvèrent ordinairement que les études qu'ils avaient faites étaient bonnes.

Il faut dire que Dom Polycarpe, qui avait reçu lui-même une instruction si soignée et si complète, et qui estimait que la science ne peut nuire à la piété, voulait que ses futurs religieux-prêtres fussent instruits ; et c'est pourquoi il ne négligeait rien de ce qui pouvait entretenir et favoriser l'amour de l'étude parmi ses élèves. Il s'appliquait en particulier à leur donner de bons professeurs, qu'il prenait, soit parmi les religieux, soit parmi les vénérables prêtres retirés à Notre-Dame-des-Neiges.

Ces professeurs étaient quelquefois des hommes remarquables.

L'un d'eux, simple laïque, M. Joseph Nauziel, avait été successivement professeur de rhétorique à Pontlevoy, à l'Institution Poiloup de Paris, à Arcueil, et enfin à Sorèze, sous le père Lacordaire, lorsqu'il accepta de faire la même classe à Notre-Dame-des-Neiges, où il s'était retiré. Rien de plus heureux ne pouvait arriver à la petite école fondée par Dom Polycarpe.

M. Nauziel était, en effet, un de ces professeurs « très distingués », selon le mot de M. Foisset, que Lacordaire attira à Sorèze et qui lui restèrent fidèles jusqu'à la fin. Il avait à un degré étonnant le don de passionner ses élèves pour le travail, et ceux-ci ne le béniront jamais assez pour tout le bien qu'il leur a fait, tant au point de vue littéraire qu'au point de vue spirituel, car l'ancien pénitent de Lacordaire était, non seulement un éminent maître en littérature, mais encore un vrai saint, qui trouvait toujours une place pour l'édification au cours de ses intéressantes leçons (1).

(1) Un des anciens élèves de M. Nauziel, M. l'abbé Elie Evesque, a publié un intéressant travail sur l'éminent professeur, dans la Revue du Midi, sous le titre : *un poète inconnu*, livraison de mai 1888, page 72.

Avec de tels éléments et une pareille organi
sation, l'œuvre de l'Alumnat devait prospérer
et répondre aux légitimes espérances que Dom
Polycarpe avait fondées sur elle. Malheureusement vinrent les jours néfastes, et l'école, qui
avait été sauvée des exigences de l'administration de l'enseignement secondaire par la haute
et bienveillante intervention de Monseigneur
l'évêque de Viviers (1), dût tomber sous les trop
fameux décrets de 1880. Quel coup pour le bon
Père Polycarpe ! Il se sentait arriver au port,
il allait toucher terre, avec toutes les richesses
de dix années de travail, et c'était juste à ce moment que la tempête s'élevait et causait le nau-
frage ! Oh ! c'était bien dur !

Pourtant la petite école, toute jeune qu'elle
était, avait déjà porté des fruits, et l'on comptait
naguère vingt-deux prêtres formés par elle.

Sans doute tous les enfants élevés à Notre-
Dame-des-Neiges ne sont pas devenus religieux
trappistes — la vocation est un don de Dieu —
mais ceux qui ont quitté la maison à la fin
de leurs études, sont aujourd'hui ou prêtres

______

(1) Mgr Bonnet avait érigé l'alumnat de Notre-Dame-des-
Neiges en maîtrise épiscopale, et par cette faveur, que Dom
Polycarpe sut apprécier, l'école était mise à l'abri de ce que
pouvaient avoir d'embarrassant les nouveaux règlements de
l'enseignement secondaire libre.

dans le ministère pastoral, ou missionnaires
en pays infidèles, et quelques-uns — de beaucoup les moins nombreux, — demeurent de
bons chrétiens dans le monde.

Quant à ceux qui sont restés à la Trappe et
sont arrivés aux honneurs de la profession religieuse, il serait facile de montrer qu'ils font
honneur à l'Alumnat ; mais ici le silence nous
est imposé par les fils mêmes de Dom Polycarpe,
qui ne nous pardonneraient pas de parler d'eux.
Nous devons dire cependant, au nom de la vérité et à l'honneur des fondateurs de l'œuvre, que l'école de Notre-Dame-des-Neiges a
fourni déjà deux abbés à la congrégation de la
Trappe. L'un a succédé à Dom Polycarpe sur
le siège abbatial de Notre-Dame-des-Neiges,
et l'autre a été appelé à gouverner l'importante
maison de Staouéli, près d'Alger. Ne semble-
t-il pas que Dieu ait voulu montrer qu'il aimait
cette œuvre et qu'il voulait, même dès ce monde,
en récompenser l'intelligent et généreux fondateur ?

Quelqu'un qui s'entendait en hommes et en
œuvres, son Eminence le cardinal Bourret, l'ami
et le voisin de Dom Polycarpe, ne craignait
pas de dire un jour à son jeune successeur :
« Mon Révérend Père, si vous voulez avoir un

« bon noviciat, ayez votre séminaire, comme
« les évêques, c'est-à-dire votre *alumnat*. C'est
« de là que vous viendra votre meilleur contin-
« gent (1). »

(1) Le cardinal Bourret, dont nous apprenons la mort en
écrivant ces lignes, était originaire de Labro, à quatre ou
cinq kilomètres de Notre-Dame-des-Neiges.

§ VI. — Le prieuré de Notre-Dame-des-Neiges est érigé en
abbaye. — Élection de Dom Polycarpe et fêtes de la bénédiction abbatiale.

Grâce au zèle et à l'activité de Dom Polycarpe un double problème se trouvait résolu à
Notre-Dame-des-Neiges. Les améliorations faites dans le domaine de la Felgère et les indus-
tries que l'on y avait créées donnaient des ressources matérielles moins précaires et presque
suffisantes ; l'Alumnat donnait des novices de
chœur et en promettait pour plus tard. Il semblait donc que l'avenir de l'établissement était
assuré. C'est pourquoi Mgr Delcusy, évêque de
Viviers, d'accord avec la communauté, crut pouvoir s'adresser au Chapitre Général pour demander au Saint-Siège l'érection du prieuré
en abbaye.

Le Chapitre Général donna un avis favorable, et le Révérend Père Dom François Régis,
procureur général des Trappistes à Rome,
fut chargé de présenter la supplique au Saint-
Père. Elle fut agréée, et la Sacrée Congrégation des Évêques et Réguliers, par décret du

3 mars 1874 , chargea Mgr Delcusy d'ériger
en abbaye le prieuré de la Felgère, au nom de
Sa Sainteté le pape Pie IX. Le vénérable évêque
de Viviers, qui affectionnait tout spécialement
la petite communauté de Notre-Dame-des-Neiges, se hâta de lui donner connaissance de la
bonne nouvelle qu'il venait de recevoir ; et un
peu plus tard, le 3 mai 1874, il promulgua le
titre d'érection. Dès ce jour la Trappe de Notre-
Dame-des-Neiges prenait officiellement le titre
d'abbaye et entrait en possession des faveurs
et privilèges qui sont attachés à cette haute
dignité de l'ordre monastique.

L'heure était venue de nommer le premier
abbé de la maison, et c'est à Dom Gabriel,
abbé d'Aiguebelle, supérieur immédiat de Notre-Dame-des-Neiges qu'il appartenait de fixer
le jour de l'élection. C'est ce que fit le distingué prélat par une lettre qu'il écrivit, à cette
occasion, aux religieux de Notre-Dame-des-
Neiges ; l'on nous saura gré de la reproduire
ici en entier.

Monastère de N.-D. de la Trappe d'Aiguebelle,

9 Mai 1874.

Mes Frères Bien Aimés,

De grands événements vont s'accomplir dans

votre monastère, et je viens m'en réjouir avec vous.

Le Souverain-Pontife Pie IX, par son Bref du 3 mars de la présente année adressé à Mgr l'Évêque de Viviers, a daigné donner à Sa Grandeur les facultés nécessaires pour ériger en abbaye Notre-Dame-des-Neiges. Monseigneur, à son tour, usant avec empressement des pouvoirs apostoliques, a rendu le décret solennel d'érection que je vous adresse avec les présentes lettres. Cette pièce sera la plus importante de vos archives ; elle vous donne le titre le plus élevé que puisse posséder un monastère ; elle est une preuve de la bénédiction de Dieu sur vous, de la protection maternelle de la divine et immaculée Marie , la récompense de votre persévérance dans les fatigues et les épreuves qui ont accompagné votre chère maison.

J'ai pris une large part de la consolation qui remplit vos âmes, parce que je n'ai pas été étranger à vos peines.

Plusieurs d'entre vous, Mes Frères bien aimés, s'en souviennent encore ; nous avons combattu ensemble, dans la faim et la soif, dans le froid et la nudité, dans tous les travaux de la pénitence, et ce temps, déjà éloigné de plus de vingt-trois ans, a été peut-être le plus heureux de notre vie. Nous portions la croix et nous étions inondés de l'onction qui·l'accompagne toujours.

Dieu a voulu que je vinsse à Aiguebelle ; j'étais indigne de demeurer au milieu de vous ; mais en m'éloignant de Notre-Dame-des-Neiges j'y restais par le cœur et la pensée ; j'ai suivi le lent développement de cette maison qui avait été ma première épouse. Aujourd'hui, il me semblerait que nous arrivons au terme de nos épreuves, si je ne me souvenais que la vie présente est un combat continuel.

Vous lirez en public le décret d'érection que je vous envoie, et dès ce moment, votre maison est une abbaye : le père sous-prieur prendra le titre de prieur et le père-président celui de sous-prieur. Le Révérend Père Dom Polycarpe gouvernera pendant la vacance, comme il a fait jusqu'à ce moment, et prendra le titre de Supérieur. Les choses resteront ainsi jusqu'au jour de l'élection de votre premier Abbé.

Cette élection, qui sera précédée immédiatement de la visite régulière, est fixée au mardi 16 juin prochain, fête de sainte Hutguarde, — de saint François Régis, pour votre diocèse, — et jour anniversaire de l'élection du grand et

bien-aimé Pie IX, qui commencera à ce moment
la vingt-neuvième année de son Pontificat.

Lisez attentivement le *Rituel* et les *Us*, et pré-
parez avec soin tout ce qui est nécessaire pour
la circonstance.

Soyez reconnaissants envers Dieu et Notre-
Seigneur pour les biens dont ils vous comblent,
témoignez cette reconnaissance par votre régularité, cachez-vous dans la solitude, ne vous
faites connaître au dehors que par la bonne
odeur de Jésus-Christ.

Ma visite parmi vous, cette année, sera l'occasion d'une mutuelle consolation plus grande
qu'à l'ordinaire. En attendant, Mes Bien-Aimés
Frères, je vous bénis de tout mon cœur et je
me dis tout à vous en Jésus et Marie.

F. Marie-Gabriel, abbé d'Aiguebelle.

Cette lettre fut reçue à Notre-Dame-des-
Neiges dans les premiers jours du mois de
juin. Elle fut communiquée à la communauté,
et l'on se mit aussitôt en mesure d'être prêt au
jour fixé pour l'élection.

Personne ne doutait du résultat de cette élection ; et pourtant, lorsqu'il fut solennellement

proclamé, il y eut dans toute la maison comme
un courant irrésistible de joie et de touchant
enthousiasme. Dom Polycarpe lui-même, encore tout ému de ce qui venait de se passer en séance capitulaire, où les religieux
de chœur l'avaient nommé à l'unanimité, moins
une voix, ne pouvait retenir ses larmes en présence des témoignages d'affection et de respect qu'il rencontrait sur ses pas, en parcourant le monastère. Les bons frères tombaient à
ses pieds pour solliciter sa paternelle bénédiction, et chacun voulait baiser déjà la main
qu'ornerait bientôt l'anneau pastoral.

Toute élection abbatiale de la Trappe doit être
approuvée par le Supérieur Général de l'Ordre
de Cîteaux et confirmée par le Saint-Siège,
avant que le nouvel élu puisse être *béni* et jouir
des pouvoirs et des prérogatives attachés à la
dignité d'*Abbé mitré*.

Dom Polycarpe reçut cette confirmation et
cette approbation assez tôt pour pouvoir fixer la
cérémonie de la bénédiction au 15 août, fête de
l'Assomption de la Sainte Vierge. Il tenait à
cette date qui lui rappelait sa profession religieuse, faite à Aiguebelle le 15 août 1847; et
il tenait surtout à cette fête, qui était celle de
Marie, envers laquelle il professa toujours une

particulière et tendre dévotion. Aussi quand il
fut question de composer ses armes, il prit
l'image de la Vierge du Sacré-Cœur se déta-
chant sur un fond d'azur, avec cette devise :
« *Dextera tua suscepit me.* »

Nous n'entrerons pas dans les détails de la
cérémonie de la bénédiction d'un abbé mitré,
qui ressemble, en beaucoup de points, à la consécration d'un évêque ; nous dirons seulement
que les religieux de Notre-Dame-des-Neiges
voulurent donner à cette fête toute la solennité que comporte la sainte liturgie. Ils tenaient à honorer dignement leur premier abbé,
le prélat consécrateur, les abbés assistants et
les nombreux amis du Révérend Père ou de la
maison, que l'on attendait pour cette solennelle circonstance.

Il y eut donc, pendant quelques jours, un peu
d'agitation et beaucoup de travail dans la petite
et tranquille communauté, en vue de la grande
fête qui devait avoir lieu. Durant ce temps, et
après avoir indiqué lui-même tous les détails de l'organisation, Dom Polycarpe se pré-
parait dans la retraite et dans la prière à recevoir pieusement la haute et sainte dignité à
laquelle il venait d'être appelé.

Enfin le 15 août arriva, et la touchante cérémonie, prescrite par le « Pontifical » pour la bénédiction abbatiale, eut lieu sous la présidence de Mgr Delcusy, évêque de Viviers. Le vénérable prélat avait voulu, malgré ses quatre-vingt-deux ans, donner lui-même la bénédiction au premier abbé de Notre-Dame-des-Neiges. Il y avait autour de lui une foule nombreuse de prêtres, de fidèles, de parents et d'amis de Dom Polycarpe.

Au premier rang étaient les Révérendissimes Pères Dom Gabriel, abbé d'Aiguebelle, et Dom Benoit, abbé de Notre-Dame-des-Dombes, qui assistaient le nouvel élu. A côté d'eux, le Révérend Père Dom Edmond, qui venait de ressusciter en France l'Ordre des Prémontrés ; venaient ensuite, dans le sanctuaire, M. du Chevalard, préfet de l'Ardèche, ami personnel et ancien camarade de collège de Dom Polycarpe, et M. Jourdan, sous-préfet de Largentiére, ces deux derniers représentant officiellement le gouvernement de la République.

Dans les stalles des religieux avaient pris place plusieurs dignitaires ecclésiastiques, parmi lesquels on remarquait M. Hyvrier, supérieur de l'Institution des Chartreux, M. Vettard, supérieur des Minimes, M. Durand, curé du Bon-Pasteur, etc... tous anciens maîtres ou amis du nouvel abbé.

Enfin, au milieu de tous les invités se trouvait la famille du bon Révérend Père, représentée par sa vénérable mère, sa sœur Marguerite et l'excellent abbé Louis Marthoud, missionnaire apostolique. Une permission spéciale obtenue de Rome autorisait Madame Marthoud à entrer ce jour-là dans l'Église et à assister à la cérémonie de la bénédiction abbatiale. Quelle douce joie ce dût être pour son cœur maternel de pouvoir suivre une à une les phases touchantes des rites sacrés sous lesquels s'opéraient tant de merveilles de grâce, de grandeur et de sainteté ! Heureux aussi était Dom Polycarpe : Il se sentait si près de sa bonne et sainte mère ! A la fin de la cérémonie, il demanda à être accompagné jusqu'auprès d'elle, et il la bénit la première, tandis que l'émotion arrachait à tous les plus douces larmes.

Ceux qui étaient présents à la cérémonie n'oublieront jamais cette dernière scène, et ils se souviendront toujours de l'impression de sereine dignité et de grandeur qu'ils ressentirent en voyant sous les ornements pontificaux le premier abbé de Notre-Dame-des-Neiges.

A l'issue de la fête religieuse, une modeste et frugale réfection réunit les invités, sous la présidence du prélat consécrateur, Mgr Delcusy.

Au dessert, M. le Préfet de l'Ardèche prit la parole, et après avoir remercié, comme administrateur du département, les Pères Trappistes
des bienfaits sans nombre que depuis plus de
vingt ans ils répandaient sur la contrée, donnant à tous, dans la pratique des plus hautes
vertus, l'exemple d'une vie pauvre et laborieuse, il ajoutait d'une voix qui trahissait
sa légitime émotion : « Et maintenant comme
« ancien élève des Chartreux, je suis heu-
« reux de saluer, dans le Père Marie Poly-
« carpe, un camarade de collège, et de re-
« mercier notre digne et bien aimé Supé-
« rieur (1) des principes solidement chrétiens
« que nous avons puisés à la même source et
« qui doivent nous inspirer tous les deux, vous,
« mon cher Père, dans la sublime vocation à
« laquelle Dieu vous a appelé, moi, dans les
« sphères moins hautes de l'administration
« que m'a confiée un gouvernement sincèrement
« protecteur de tous les intérêts sociaux. »
Ces loyales et nobles paroles, qui furent ac-
cueillies par des applaudissements enthousias-
tes, demandaient une réponse, et ce fut Dom
Gabriel, abbé d'Aiguebelle, qui réclama cet
honneur, au double titre d'ami et de supérieur

(1) Monsieur l'abbé Hyvrier.

immédiat de Dom Polycarpe. L'éminent abbé sembla mieux inspiré que jamais. Il eut un mot pour tous les invités un de ces mots délicats et pleins d'à-propos dont il avait le secret, et dans lesquels la pureté de l'expression le disputait à la finesse de l'esprit. Sa dernière parole fut le traditionnel « *Ad multos et felices annos* : Notre - Dame - des - Neiges est à la joie, qu'il en soit de même longtemps encore pour la gloire de Dieu, pour le bien des âmes, et pour l'honneur de la Trappe. »

Ainsi se terminèrent les fêtes solennelles de la bénédiction abbatiale. On était en 1874, et il semblait bien que l'on venait de consacrer, d'une manière définitive, l'œuvre entreprise par les Pères trappistes sur les hautes montagnes du Vivarais.

§. VII. — Administration spirituelle de Dom Polycarpe.

Les fêtes de la bénédiction abbatiale une fois terminées, la Trappe de Notre-Dame-des-Neiges reprit son train de vie habituel.

Au dehors, les travaux d'agriculture furent continués avec ardeur, et même considérablement augmentés, car Dom Polycarpe voulait à tout prix que les moines de la Felgère en arrivassent à trouver chez eux le pain matériel nécessaire à toute vie humaine. N'est - ce pas dans l'esprit de la Règle de saint Benoît que les disciples du grand patriarche doivent chercher à se suffire à eux-mêmes ? « Ils seront véritablement moines, quand ils vivront du travail de leurs mains, selon l'exemple des Apôtres et de nos pères (1). »

Mais ce que le nouvel abbé voulait surtout que l'on trouvât à Notre-Dame-des-Neiges, c'est le pain surnaturel qui donne la vie aux âmes, les fait grandir et les conduit à la sanctification. D'ailleurs il savait bien que la première pros-

(1) Règle de saint Benoît, ch. XLVIII.

périté d'une maison religieuse, son meilleur titre de gloire, son grand devoir, c'est le zèle et la ferveur dans le service de Dieu.

Aussi, ce qui nous paraît le plus remarquable pendant cette période, qui va de la bénédiction abbatiale à l'année malheureuse des « décrets, » c'est le soin tout spécial avec lequel Dom Polycarpe s'occupa de la direction spirituelle de sa maison, cherchant ce qui pouvait le mieux entretenir et augmenter la piété chez les âmes dont il se sentait responsable devant Dieu.

A la communauté elle-même, composée de tous les profès de la maison et de tous les novices, il fit donner plusieurs retraites, que prêchèrent plus d'une fois des hommes remarquables dans la science de la vie spirituelle, tels que le Révérend Père Ramière, le célèbre fondateur de l'Apostolat de la prière, le Révérend Père Charasse, des Gardistes d'Avignon, etc...

Dom Polycarpe pensait, avec juste raison, qu'une parole nouvelle et venue du dehors, pour rappeler aux habitants du désert les devoirs et les grandeurs de leur sublime mais austère vocation, ne manquerait pas de ranimer les courages, et entretiendrait l'esprit surnaturel que la force de l'habitude, et aussi, hélas ! la faiblesse humaine, risquent d'entamer même chez les meilleurs,

Or, l'esprit surnaturel dans la vie est nécessaire à la Trappe plus qu'ailleurs, et pour notre part nous ne comprenons pas qu'un moine puisse supporter vingt-quatre heures seulement son froc et son désert, s'il n'est pas conduit et dominé par la pensée de Dieu.

Mais cette pensée continuelle de Dieu et de sa volonté suprême, qui l'entretiendra, parmi les dissipations, les doutes et les inconstances que toute vie humaine est condamnée à connaître ?... Au soldat qui lutte depuis le matin, il faut de temps en temps le coup de clairon qui ranime son courage ; au voyageur qu'une longue course a fatigué, il faut un moment de halte, pour reprendre haleine et reconnaître sa route ; de même, à l'homme qui est sur le chemin du temps à l'éternité, à celui surtout qui a pris le sentier le plus sûr, mais aussi de beaucoup le plus âpre et le plus pénible, comme c'est le cas du religieux trappiste, à celui-là est nécessaire la halte qui répare et ranime le courage, c'est-à-dire, l'exercice de la retraite, durant laquelle l'âme se retrouve elle-même, retrouve son Dieu, retrouve sa vocation, et se sent renaître aux saintes ardeurs du noviciat.

Il va sans dire que l'Alumnat n'était pas oublié dans les soins spirituels de Dom Polycarpe. Là aussi, il y eut chaque année de pieuses retraites que lui-même présidait, tout en laissant pleine liberté au prédicateur pour la conduite générale des exercices. Pendant ce temps, toutes sortes d'études étaient suspendues, chacun ne devant s'occuper que de son âme et de ses intérêts spirituels, ce qui se faisait en bonne conscience, surtout lorsqu'on avait pour prédicateur et confesseur le Père Ramière, de sainte mais austère mémoire.

Quant à Dom Polycarpe il se réservait habituellement l'exercice de la conférence de l'après-midi, afin de donner par lui-même les enseignements plus personnels et plus intimes qu'il jugeait propres à entretenir l'esprit de piété et de famille dans la jeune école. Il voulait que ses enfants s'aimassent comme des frères, il voulait qu'ils fussent pieux, instruits, travailleurs, et c'est pour cela qu'il revenait sans cesse, au moment de la retraite, sur la loi chrétienne de la charité, sur la piété religieuse et sur l'amour du travail.

Il ne sortait guère de ce cadre, mais il le parcourait rigoureusement, estimant qu'il contenait un programme suffisant pour faire de ceux auxquels il s'adressait de parfaits chrétiens.

En tout cas, nul n'avait la tentation, durant la conférence, de se laisser distraire ou de sommeiller, car lorsque le bon Père parlait de piété et de travail, il le faisait haut et et ferme. Sa voix, d'ordinaire douce et un peu timide, prenait de la vigueur et de l'assurance. La conclusion était qu'au sortir de la retraite, il y avait redoublement d'entrain pour l'étude et la pratique des devoirs de piété.

C'est encore à cette époque que remonte l'institution d'une messe spéciale pour le personnel laïc de la maison, c'est-à-dire pour les familiers, les ouvriers et les voyageurs. A cette messe, qui se disait chaque dimanche, dans une chapelle extérieure, bâtie à côté du monastère, Dom Polycarpe voulait qu'une instruction fut donnée régulièrement, sous forme de prône ou de catéchisme, pour rappeler aux assistants leurs devoirs de chrétien. « C'est la volonté de l'Église qu'il en soit ainsi », disait le Révérend Père qui savait que l'Église, en effet, demande formellement que le dimanche soit consacré par les fidèles, non seulement au repos et à la prière, mais encore à l'étude de la religion.

Tout ceci montre le désir qu'avait Dom Polycarpe de maintenir dans le bien les âmes qui dépendaient de son autorité. Au fond tout convergeait chez lui vers ce but ; et la solennité plus grande qu'il donnait à l'office divin, et les fêtes qu'il faisait célébrer avec plus de pompe, telles que la Fête-Dieu, dont les processions étaient si touchantes, la fête de saint Bernard, à l'occasion de laquelle il faisait appeler un orateur étranger pour chanter la gloire de l'illustre et immortel abbé de Clairvaux !

Mais ce qui par dessus tout développait l'esprit religieux à Notre-Dame-des-Neiges, c'était l'enseignement quotidien de Dom Polycarpe.

Les Constitutions veulent que le supérieur d'un monastère de la Trappe consacre chaque matin quelques instants à l'explication d'un point de la Règle. C'est l'exercice que l'on appelle le *Chapitre*, sans doute parce qu'on y lit un chapitre de la Règle. Il a lieu immédiatement après l'office de Prime. Dom Polycarpe attachait une grande importance à cet exercice, et tant que sa santé le lui permit, il tenait à présider lui-même le Chapitre du matin et à donner sa petite glose quotidienne sur le point de la Règle qu'il avait préparé.

Deux notes dominaient dans les conférences spirituelles du bon Père : la simplicité et la piété. C'était presque le laisser-aller de la

conversation, de la conversation digne et cor-
recte sans doute, jamais triviale, mais toujours
simple, familière, constamment en garde contre ce qui aurait pu ressembler à l'étude ou à la
recherche.

Et pourtant à cette simplicité même se mêlait
souvent la plus fine délicatesse.

Ceux qui ont visité Notre-Dame-des-Neiges
connaissent et ont admiré la délicieuse salle
capitulaire du monastère. Elle est due, ainsi
que la bibliothèque, à la générosité d'un religieux de la maison. Dom Polycarpe pensa qu'il
devait un mot de remerciement public au do-
nateur, et il le lui adressait en ces termes, le
25 mars 1878, au début d'un discours de profession religieuse :

« Il y a deux ans, mes chers enfants, que
« vous vous présentiez ici, dans ce même *Cha-*
« *pitre ,* où nous croyons entrer aujourd'hui
« pour la première fois, tant il a été merveil-
« leusement transformé, grâce aux soins géné-
« reux, au zèle intelligent, au goût si pur et si
« délicat de celui (1) que je n'ai pas besoin de
« nommer — son nom est profondément gravé

____

(1) Le Révérend Père Trophime Arnaud, d'une très ancienne et très chrétienne famille d'Arles, mort Prieur de
Notre-Dame-des-Neiges.

« dans nos cœurs — mais que je suis heureux
« de remercier publiquement de tout cœur, et
« au nom de toute la communauté, qui n'ou-
« bliera jamais ce qu'elle lui doit....»

Simple et modeste, la parole de Dom Polycarpe
était encore et surtout profondément pieuse, de
cette piété éclairée et pleine de cœur, qui est
la piété des grandes âmes, surtout des âmes de
prêtres et de religieux.

Quelquefois il arrivait au Bon Père de laisser l'explication de la Règle, les jours de fête
de la Sainte Vierge, par exemple, et alors, quelles douces et tendres homélies tombaient des
lèvres de celui qui s'était voué au culte de
Marie dès l'âge de douze ans, et faisait profession de ne rien faire que sous sa maternelle
protection ! Il semblait que toute timidité eût
disparu pour chanter les grandeurs de la Mère
de Dieu et célébrer le rôle sublime qui lui a
été départi dans l'économie de l'ordre surnaturel. C'était vraiment l'éloquence du cœur.

De temps en temps aussi, le Révérend Père
revenait sur la conduite des Apôtres se choi-
sissant des diacres pour les aumônes et la
visite des pauvres, c'est-à-dire pour les œuvres
extérieures, tandis qu'ils se réservaient à eux
mêmes le double ministère de la prière et de

la prédication.« Telle est notre mission, à nous, moines ; nous sommes les hommes de la prière, les hommes qui ont fui au désert, pour traiter plus directement avec Dieu la grande affaire du salut de leurs frères restés dans le monde, où abondent les périls.... Ah ! que notre vocation est grande, qu'elle est sublime !... la comprenons-nous bien !.... sommes-nous vraiment des hommes de prière et de solitude ?... sommes-nous de vrais moines !... »

Ces quelques mots tracés en courant — on le devine à l'écriture — étaient de simples points de repère , mais ils marquent sur quelle note élevée et surnaturelle se tenaient les entretiens du vénérable abbé, qui avait rêvé de former à Notre-Dame-des-Neiges, une abbaye modéle où l'on servirait Dieu comme le servaient les moines de Cîteaux et de Clairvaux, c'est-à-dire dans l'esprit de prière, l'amour des saintes études, le goût de l'office divin et des solennités sacrées, la pratique de la mortification et la fidélité à la sainte obéissance.

C'était l'idéal auquel aspirait Dom Polycarpe et pour lequel il travaillait, avec tout ce que Dieu lui avait donné d'intelligence , de volonté et de foi chrétienne. Dieu ne devait pas lui permettre d'atteindre lui-même pleinement cet idéal. Il était écrit dans les desseins éternels que sa mission serait de semer. A d'autres la consolation de recueillir la moisson, à lui le dur labeur, la peine et la croix.

§ VIII. — Épreuves ; — Les visites de la mort dans la
famille ; — Les décrets d'expulsion ; — Départ pour l'exil.

Les épreuves ! Tout homme a les siennes ici-
bas. Dom Polycarpe ne devait pas faire exception ; nous pouvons même dire que, sous ce
rapport, il lui fut fait une bien large part, et il
disait souvent : « ce qui me donne confiance
en la miséricorde de Dieu, c'est qu'il ne m'a
pas ménagé les croix ! »

Ce fut d'abord, pendant qu'il était à Aiguebelle
la mort de son vénérable père, dont les dernières années avaient été cruellement éprouvées.
Honnête et loyal lui-même jusqu'au scrupule,
M. Marthoud ne pensait pas que l'on pût, et
surtout que l'on voulût le tromper. Il n'en fut
malheureusement pas ainsi, et il paya son trop
de confiance par la perte d'une partie de sa
fortune et de sa santé.

Quel coup ce fut pour le jeune religieux ! Et
quelle angoisse nous révèlent ces simples mots
trouvés dans plusieurs de ses lettres : « pauvre
mère ! Pauvres sœurs ! »

Après la mort de M. Marthoud, douloureusement sentie, mais attendue, ce fut celle de Mademoiselle Marguerite, l'ainée de ses sœurs, pour laquelle Dom Polycarpe avait un sorte de culte fraternel, depuis le jour où le Bon Dieu lui avait enlevé « sa chère Elisa, » cette sœur sur la tombe de laquelle il eut l'inspiration soudaine de se faire trappiste.

Quoique de nature maladive et continuellement souffrante, Mlle Margueritte trouvait assez d'énergie pour mener de front la prière et le travail, et l'on avait fini par s'habituer à la voir toute haletante assister régulièrement tous les jours à deux ou trois messes, qu'elle suivait avec une piété angélique.

Toutefois on avait pensé que l'air de la campagne lui serait favorable et l'on s'était transporté à Pierre-Bénite, non loin de Lyon. C'est là, le 1er février 1870, que la frêle jeune fille, après une longue station à l'église se sentit prise de frissons inaccoutumés. Elle s'alita, pour ne plus se relever. Et Dieu, qui voulait sans doute purifier entièrement cette âme si candide et si aimante, ne permit pas à Dom Polycarpe de se trouver là pour recevoir son dernier soupir. L'abbé Louis Marthoud lui-même, en voyage pour son ministère, n'arriva qu'au matin du jour de la mort, et Madame Marthoud accablée de fatigue et de douleur, se trouvait malade et alitée pendant que sa fille rendait le dernier soupir, le 20 février 1870. N'était-ce pas pour ce cœur sensible et particulièrement bon comme l'isolement du Calvaire !

Peu après cette mort, c'est-à-dire, au mois de juillet, éclata la guerre avec la Prusse ; nous étions battus, l'ennemi entrait en France, et bientôt l'on parla de la marche de l'armée prussienne sur Lyon, du côté même de Pierre-Bénite. Aussitôt Dom Polycarpe s'entendit avec son frère pour mettre à l'abri cette mère vénérée, restée seule à son foyer menacé. L'un et l'autre pensèrent qu'ils ne trouveraient nulle part une résidence meilleure qu'à Alais, ou en retrouvant sa fille, religieuse au Sacré-Cœur (1), elle serait ainsi plus rapprochée des Trappistes, ses enfants d'adoption.

Madame Marthoud passa là près de cinq années, savourant tour à tour la tendresse de ses fils, qui la visitaient fréquemment, et celle de sa fille qu'elle allait voir, et avec qui il lui était donné de prier et d'adorer, dans cette bénite chapelle du couvent du Sacré-Cœur, où

(1) Madame Clémence de Jésus, longtemps supérieure du couvent du Sacré-Cœur à Alais.

l'âme se sent si vite près de Dieu , dans l'atmosphère de silence et de recueillement dont
elle jouit. C'est à Alais que vint le surprendre,
en 1874, l'élection de son bien aimé fils, Dom
Polycarpe, comme premier abbé de Notre-
Dame-des-Neiges, et nous l'avons vue assis-
tant à la cérémonie de la bénédiction abbatiale.
Cette fête, hélas ! était comme le « *Nunc di-
mittis* » de cette digne mère ; car cinq mois
plus tard, le 17 janvier 1875, une fièvre catar-
rhale mettait fin à cette pieuse existence, toute
de traverses et d'épreuves.

La mort fut calme et douce, pour celle qui avait
fait depuis longtemps déjà le généreux sacrifice de sa vie, et qui avait été précédée dans
l'éternité par six de ses enfants. Mais combien
fut pénible pour les trois qu'elle laissait
l'heure de la séparation, pour eux qui aimaient
tant leur mère, et qui savaient combien elle les
aimait ! Leur unique consolation était dans la
pensée qu'un jour ils la retrouveraient au
Ciel. Pour le moment il ne leur restait que sa
dépouille mortelle, qu'ils accompagnèrent jusqu'à Notre-Dames-des-Neiges, où elle repose,
à côté de Mademoiselle Marguerite Marthoud,
dans le cimetière même du monastère.

Dom Polycarpe ne pensait pas alors avoir sa

tombe en Syrie. Et pourtant la grande épreuve
qui devait le conduire sur la terre d'Orient
approchait.

Quelques années s'étaient à peine écoulées
depuis que Notre-Dame-des-Neiges avait été
élevée à la dignité d'abbaye, lorsque se pro-
duisirent en France de graves évènements.
A l'ordre moral et à « la République honnête,
libérale, protectrice de tous les intérêts, »
avait succédé un gouvernement qui n'avait pas
changé de devise sans doute, mais dont les
actes étaient loin de témoigner qu'il était toujours pour la liberté, l'égalité et la fraternité.

Le temps avait marché.

Les décrets du 29 mars 1879 avaient paru, et
ces mêmes religieux qui n'avaient pas cessé de
répandre autour d'eux des bienfaits signalés,
étaient traités comme des ennemis de leur
pays ; on les chassait de partout. Il n'y avait
pas lieu de penser que Notre-Dame-des-Neiges serait épagnée.

Ce fut l'heure d'une grande épreuve pour la
jeune Trappe et pour son supérieur.

« Dieu seul sait ce que je souffre », écrivait
le bon Père, en faisant part à un ami des con-
séquences qu'entraînerait pour Notre-Dame-
des-Neiges l'exécution des décrets d'expulsion.

Dom Polycarpe souffrait, en effet ; et il faut l'avoir vu de près, en ces tristes jours, avoir été témoin de ses larmes, pour se faire quelque idée de l'angoisse de son âme.

Sa première douleur, fut la suppression de de l'œuvre même de l'Alumnat, son école monacale, alors en pleine prospérité. Dieu seul, qui lui avait donné un amour de prédilection pour les enfants, connut les larmes qu'il versa avant de se soumettre à cette désolante nécessité ; mais comme son cœur dut saigner en voyant s'éloigner et se disperser, un à un, ceux qu'il appelait toujours : « ses chers petits enfants. »

Pendant ce temps, ordre avait été donné aux autorités locales de se préparer à exécuter à Notre-Dame-des-Neiges l'expulsion opérée ailleurs. Le jour même où devait avoir lieu la triste besogne avait été fixé, et la gendarmerie formellement avisée. On le savait à Notre-Dame-des-Neiges, où s'étaient rendus quelques amis de la maison pour assister les religieux en cette pénible circonstance.

Mais on était au mois de novembre, et le matin même du jour où devait être faite l'expulsion, on trouva en se levant une couche de neige de près de cinquante centimètres. Les assiégeants pensèrent que le rempart serait difficile à franchir et l'exécution fut renvoyée.

Il y avait lieu de croire, en effet, que ce n'était que partie remise et que le danger restait toujours. Pouvait-on espérer que les religieux de Notre-Dame-des-Neiges seraient plus heureux que leurs frères des Dombes et de Bellefontaine ?

Cette crainte eut pour résultat d'aggraver de plus en plus l'épreuve, en suscitant tout à coup de gros embarras dans l'administration de l'abbaye.

La crise religieuse — pourquoi ne le dirions-nous pas ? — amena une crise financière ; et cette crise s'explique et se justifie tout naturellement.

Pour fonder Notre-Dame-des-Neiges, et surtout pour lui donner un complet développement, il avait fallu recourir aux aumônes , car les revenus du domaine légué par les fondateurs ne suffisaient pas même à l'entretien de la communauté ; et ce n'est pas avec les ressources de la Felgère que l'on pouvait songer à bâtir un nouveau monastère.

D'autre part, si laborieux que fussent les frères convers, et malgré le concours des religieux de chœur durant les heures que la Règle leur permet d'employer au travail manuel, un personnel d'ouvriers assez considérable avait dû être appelé pour hâter les plantations et les défrichements. Or, à tout ouvrier il faut un salaire, et le salaire de l'ouvrier de Notre-Dame-des-Neiges, il ne fallait pas penser le trouver dans la caisse du père procureur, laquelle était habituellement vide. On avait recours à la charité. Et certes, il faut bien le dire à l'honneur des bienfaiteurs, la charité fut souvent riche trésorière.

Mais elle ne fut pas toujours suffisante, surtout aux heures des grandes et urgentes dépenses. Il fallut donc se procurer des avances, que l'on trouva facilement, car les Pères avaient bon crédit.

Au moment des décrets, comme il fallait s'y attendre, quelques créanciers prirent peur. Ce fut, sans doute, le petit nombre, car la majorité s'était empressée de dire aux Pères de n'avoir pas à s'inquiéter ; mais ce petit nombre, nous pourrions presque dire les deux ou trois qui réclamèrent, se montraient exigeants. Ce fut pénible pour le Père Polycarpe, qui n'entendait rien, avec son âme droite et loyale, aux habiletés de la politique et de l'intérêt personnel. Le coup l'atteignait en plein cœur. Lui,

qui ne comptait pas avec ses amis et pour lequel la question d'argent n'était qu'une question secondaire, ne pouvait se faire à tant
d'âpreté, en pareille circonstance surtout. Il
eut un moment de sombre tristesse et de profond découragement.

Mais il est écrit que Dieu n'abandonne jamais
ceux qui ont mis en Lui sa confiance, et Dom
Polycarpe avait pour devise : « *Me suscepit dextera tua*, vous m'avez pris sous votre protection, ô ma Mère, » c'est-à-dire, je compte sur
Dieu par Marie. Dieu fut là, en effet, à l'heure
de l'épreuve. Les bons amis parurent, et, grâce
à leur généreux et intelligent dévouement, un
arrangement fut proposé qui sauvegardait les
droits de chacun et mettait le monastère à l'abri
d'un désastre financier.

On ne se croyait pas au même degré à l'abri
du côté du gouvernement et des décrets. L'expulsion, empêchée par la neige, pouvait avoir
lieu d'un moment à l'autre. Aussi, Dom Polycarpe, qui avait reçu à plusieurs reprises des
propositions de fondation en Orient, pensa-t-
il que l'heure était venue d'examiner si ce
n'était pas la Providence elle-même qui avait
préparé ces avances, pour fournir aux expulsés
de Notre-Dame-des-Neiges une retraite où

ils pourraient continuer leur vie de prière et
de sacrifice. Evidemment la question était grave,
puisqu'il s'agissait, en définitive, de s'expatrier
et de se transporter dans un pays dont on ne
connaissait bien ni le climat, ni les mœurs.

Et puis, quelle serait la région d'Orient que
l'on choisirait ? Irait-on en Egypte ? Irait-on en
Syrie, ou ailleurs ? C'est ce que se demandait
Dom Polycarpe.

Après en avoir conféré avec quelques religieux et s'être renseigné au dehors, il fut décidé
qu'avant de rien arrêter, il ferait lui-même le
voyage d'Orient, et irait se rendre compte per-
sonnellement de ce qui conviendrait le mieux.
Pauvre Père ! Lui qui avait rêvé, à dix-huit ans,
le ministère des missions en Amérique ou aux
Indes, et qui ensuite écrivait à son ami Padey,
missionnaire au Texas, combien il était heureux d'avoir pris le chemin d'Aiguebelle, où il
espérait mourir dans l'oubli et la prière, le
voilà, à cinquante-cinq ans, prenant, non plus
le modeste bâteau qui l'avait porté de Lyon à
Valence, en 1846, mais l'un des grands paque-
bots des Messageries Maritimes pour aller dé-
barquer sur la terre d'Asie !

Le voyage fut long, triste, pénible, et nous
savons qu'il y eut des heures particulièrement

douloureuses, tandis que l'on parcourait les rives du Nil en Egypte, ou les montagnes sauvages de la haute Syrie.

Après tout, ce n'est pas à cinquante-cinq ans que l'on peut faire gaiement et sans fatigue de pareils voyages.

Sans doute, les lettres du Révérend Père, venues de là-bas et écrites au milieu de ses courses, respirent la joie, mais c'est la joie de l'homme qui a le sentiment de remplir son devoir, qui espère en Dieu, et qui, dès lors, n^e compte pour rien sa douleur et son sacrifice.

Pourtant la douleur et le sacrifice de Dom Polycarpe durent être grands ; car, enfin, pendant qu'il cherchait en Asie un lieu propice pour sa communauté, il pensait à Notre-Dame-des-Neiges, à cette chère maison, l'œuvre de plus de vingt années de travail, qu'il faudrait laisser peut-être pour toujours !!!...

Le long de la route, bien des larmes furent versées, dont Dieu seul fut témoin, avec celui, le plus fortement chéri de ses enfants, — un grand cœur lui aussi, — qui avait bien voulu l'accompagner pour partager ses fatigues, en attendant de devenir le gardien et le consolateur de ses dernières années.

Le résultat du voyage fut, sur l'avis des

Révérends Pères Lazaristes d'Akbès, que l'on viendrait fonder une maison de la Trappe à Cheikhlé, village situé à une centaine de kilomètres d'Alexandrette. Il y avait là une propriété qui paraissait favorable à la vie cistercienne, et l'on pourrait faire du bien aux habitants de la contrée, presque tous musulmans, mais parmi lesquels se trouvaient cependant quelques familles chrétiennes.

La propriété fut achetée, et Dom Polycarpe revint en France avec l'intention d'organiser immédiatement une petite colonie pour la Syrie. Dès son retour il rendit compte à la communauté de son voyage, lui communiqua sa résolution et fit appel aux hommes de bonne volonté pour former un premier groupe. « Ce ne sera probablement qu'une avant-garde, disait-il, car les évènements sont de plus en plus graves et l'avenir paraît très menaçant ; il est à craindre que nous ne devions tous et bientôt nous expatrier ! »

Comme bien on pense les hommes de bonne volonté ne manquèrent pas, et le groupe désiré fut vite formé. Ce qui demanda un peu plus de temps, ce furent les préparatifs même du départ. On allait loin, en pays inconnu et dans un vrai désert, où l'on ne trouverait pas même une maison pour s'abriter. Il était donc prudent de se munir et d'emporter, avec les tentes qui formeraient le premier monastère de Cheikhlé, les provisions dont on aurait besoin en attendant le jour où il serait permis à la petite communauté de récolter les fruits de ses premiers travaux.

Sans doute, il est bien dit dans l'Evangile qu'il ne faut pas s'inquiéter ni du vêtement dont on se couvrira, ni de la nourriture que l'on prendra, mais il ne faut pas non plus tenter Dieu, et s'il y a une prudence qui est blâmable, parce qu'elle témoigne du manque de confiance en la divine Providence, il y en a une qui est bonne et qui consiste à « aider un peu le Ciel ». C'est au nom de cette dernière que les organisateurs de la petite et vaillante caravane de Syrie, voulurent emporter avec eux quelques provisions de première nécessité. Elles furent dirigées sur Marseille, et bientôt vint l'heure où l'on pouvait partir ; tout était prêt.

A ce moment chacun comprit que Dom Polycarpe était triste, profondément triste même, sous les apparences de la gaité. Que se passait-il donc ? Qu'était-il arrivé de nouveau ? On savait combien il lui en avait coûté de voir les enfants de son Alumnat promptement dispersés, combien il avait souffert des embarras suscités à son administration par les exigences injustifiées dont nous avons parlé plus haut ; on savait que certaines infidélités , survenues à l'heure de la plus cruelle épreuve, lui avaient été particulièrement pénibles ; mais ce que l'on ne savait pas, ou du moins, ce que beaucoup ignoraient, c'est qu'à cette heure le bon Révérend Père avait résolu de se démettre définitivement de sa charge de supérieur de Notre-Dame-des-Neiges ! Et lui, qui était si plein de cœur, qui, malgré tout, se sentait attaché à sa chère maison par des liens que sa volonté était impuissante à briser ! Oh ! oui il était triste, profondément triste, en partant pour la terre d'exil !

Pauvre Père !

EN ORIENT

CHAPITRE IV

EN ORIENT

1882 - 1895

La pensée première de Dom Polycarpe, en
allant fonder un monastère en Orient, était de
préparer un asile aux religieux de Notre-Dame-
des-Neiges, que menaçaient toujours les Décrets de 1879. Et pour ce motif la détermination du vénérable supérieur était déjà louable
et fort sage.

Nous devons dire cependant qu'une autre
raison — celle-ci d'un ordre bien plus élevé —
avait décidé du choix du pays où se ferait la
fondation.

« Je suis homme, et rien de ce qui touche à

l'homme ne m'est étranger (1) », avait écrit certain poète de l'antiquité. On peut dire du Père Polycarpe, religieux et prêtre de l'Église catholique, que non seulement il n'était pas étranger à ce qui touche à cette Église, mais encore qu'il eut, dès sa jeunesse, un véritable culte pour tout ce qui tient à Elle, à ses enseignements, à sa sainte hiérarchie, à ses gloires, à ses épreuves, à sa vie tout entière enfin ; et c'est une note marquante de cette existence de moine que l'amour de l'Église, de l'Église de France surtout, porté jusqu'au besoin irrésistible d'être tenu au courant, même au fond de son désert de Syrie, de tout ce qui intéressait la grande cause catholique. De là, dans ses lettres d'Orient, les instances continuelles qu'il adressait à son frère pour obtenir de lui qu'il envoyât « le plus de *Revues* possible, surtout de celles où sont traitées les grandes questions ecclésiastiques».

L'une des raisons de ce vif et persévérant amour, c'est que son âme resta toujours — il le disait volontiers — sous la salutaire et puissante impulsion qu'elle avait reçue à l'école et sous le souffle généreux et vibrant de Lacordaire, dont il fut un des auditeurs passionnés,

---

(1) Homo sum, et nihil humani a me alienum esse puto (Térence),

d'Ozanam, son compatriote, de l'abbé Plantier, son maître aux Chartreux de Lyon. « Quand on a connu et entendu ces hommes-là, écrivait-il, on ne peut pas ne pas aimer l'Église, et les directions de l'Église.... »

Or, au moment où Dom Polycarpe eut à s'occuper d'une fondation à l'étranger, la direction de l'Église était du côté de l'Orient. Léon XIII, après Pie IX, s'était tourné vers ce pays devenu le théâtre de tant de schismes.et de tant d'hérésies, après avoir été le berceau de la foi chrétienne. Le Pontife romain, auquel incombe la sollicitude de toutes les Églises, pensait qu'il y avait lieu de préparer le retour de cette immense, et jadis si belle portion du royaume de Jésus-Christ, en envoyant vers elle un plus grand nombre de missionnaires, et en multipliant dans son sein les œuvres dont se compose toute mission catholique, telles que les écoles, les orphelinats, les hôpitaux, etc....

Dom Polycarpe savait cela. Aussi, à toutes les offres qui lui étaient faites, et aux conseils qu'on lui donnait d'aller s'établir, soit en Amérique, soit en Afrique, il répondait invariablement : « il est vrai qu'en Égypte ou aux États-Unis nous trouverions peut-être mieux au point de vue matériel ; mais puisque le Pape s'occupe d'une manière toute particulière, depuis ces dernières années, de la conversion de l'Église d'Orient, il me semble que nous ferons bien d'aller de ce côté.... Voyez-vous, rien ne vaut la docilité aux désirs du Saint-Père, et je crois que c'est son désir que beaucoup de religieux aillent en Orient. Il y a là-bas des missionnaires, des prédicateurs, des professeurs, tous hommes d'action ; nous serons les hommes de la prière...»

Quand Dom Polycarpe parlait ainsi, on ignorait encore à Rome son généreux dessein ; mais dès qu'il fut connu, il fut approuvé et fortement encouragé ; et les pieux émigrants reçurent, en même temps que la bénédiction toute spéciale du Souverain Pontife, une large aumône qui, en venant en aide à leur pauvreté, leur témoignait combien la fondation d'Orient entrait dans les vues de Léon XIII.

Les religieux destinés à la fondation d'une
trappe en Syrie , partirent de Marseille le
21 avril 1882.

Dom Polycarpe, retenu au dernier moment
par une affaire imprévue, ne s'embarqua que
le jeudi suivant, 28 avril ; mais il rejoignit ses
compagnons à Alexandrie, et c'est de là qu'il
écrivit sa première lettre, datée du 3 mai.

« Enfin , disait-il, nous venons de toucher
terre, et ce n'est pas trop tôt, car j'ai horrible-
ment souffert du mal de mer, bien que la traversée ait été bonne... dit-on!! Notre voyage
sur eau n'est pas fini, mais ce qui nous reste
à faire est peu de chose. Tout le monde va
bien et j'espère que nous serons bientôt tous,
sains et sauf, à Alexandrette. Là, ce sera la
terre pour de bon....»

En effet, cette dernière partie du voyage sur
mer fut bonne, et Dom Polycarpe s'empressa
d'en envoyer la nouvelle à son frère, par une

très longue lettre où se trouvent de bien intéressants détails sur les débuts de la fondation
de la Trappe de Cheikhlé.

Akbès, le 21 mai 1882.

« Mon cher ami, que je te dise vite — car tu
dois être impatient — que nous avons fait un
excellent voyage et que nous sommes tous très
contents. Je te dirai même que mes compagnons
paraissent ravis. A Beyrouth nous nous sommes
présentés à Monseigneur le Délégué Apostolique, qui nous a fait un admirable accueil. Nous
sommes arrivés à Alexandrette le jeudi, 11 mai,
un peu avant trois heures du soir, par une gra-
cieuse attention du commandant de notre bâteau, « le Labourdonnais », qui a pu, en forçant
un peu la marche, nous faire entrer au port à
deux heures et demie au lieu de six ou sept
heures du soir.

» Le lendemain de bonne heure nous nous
sommes mis en route, et le samedi, à dix heures
du matin, nous avons fait notre entrée *très-so-
lennelle* dans la maison des Pères Lazaristes
d'Akbès. Sur l'avis de ces messieurs, qui sont
véritablement d'une bonté extraordinaire à no-

tre égard, nous avons renoncé à faire des cabanes provisoires, et nous avons loué tout de suite une maison à Akbès même, la plus voisine des pères. Nous nous proposons de nous servir de cette maison et même d'une autre qui est à côté, pendant un an, parce que, au lieu de construire sur notre propriété de simples baraques en bois, nous allons bâtir en pierre, ce qui sera plus solide, moins coûteux et tout aussi vite fait. Près de notre maison, je devrais dire notre chaumière, nous avons loué un jardin, que nous venons de remuer de fond en comble, et où nous avons déjà semé pommes de terre, haricots, tomates, aubergines, salades, radis, etc... Tout le monde s'y est mis, même moi, tout maladroit que je suis, et, en cette qualité, le directeur du travail m'a chargé de jeter les pommes de terre dans la raie et de mettre dans leurs petits trous des graines de concombres!!! Du coup j'ai pris goût au métier de jardinier!

» Ce qui vaut infiniment mieux que tout cela et nous intéresse bien davantage, ce sont les bonnes dispositions de notre petite communauté. Tu ne saurais croire quel bon esprit l'anime et comme chacun est plein de courage, d'activité et de zèle. Nous ne manquons aucun de nos exercices religieux, que nous faisons en commun dans la chapelle des Lazaristes.

» Nous nous levons à trois heures du matin. A trois heures un quart nous disons Matines et Laudes de la Sainte Vierge ; à trois heures et demie, messe « *de Beatâ* », pendant laquelle les religieux de chœur font leur méditation. Les frères convers assistent à cette messe et font ensuite leur méditation, prennent le mixte (1) à quatre heures et demie et vont tout de suite après au travail. Les pères disent Prime à quatre heures trois quarts, entendent la seconde messe à cinq heures, et avant six heures ils sont au travail. A neuf heures et demie, fin du travail et Tierce. A dix heures et demie, Sexte, None et Examen particulier. Le dîner est à onze heures et demie. Après le dîner, « *méridienne* » jusqu'à deux heures. A deux heures, Vêpres, Complies, suivies de Matines et de Laudes. Puis nous nous rendons au travail, les frères vers trois heures, et nous vers quatre heures, jusqu'à sept heures. A ce moment, visite au Saint-Sacrement, puis souper. A huit heures un quart, lecture spirituelle, mois de Marie, chant du *Salve Regina* et coucher à huit heures trois quarts. Comme tu le vois notre temps est assez bien employé, et nous n'avons pas le

---

(1) Petit déjeuner du matin.

temps de nous ennuyer ; aussi personne n'y songe ; Dieu soit donc béni, et nous donne du courage, car nous en aurons besoin... »

Le bon Père avait raison, les pieux émigrants auront besoin de courage pour se faire à la rude vie qu'ils vont trouver dans la solitude de Cheikhlé. Cette petite localité de la province d'Adoua, dans la Haute Syrie, est à une heure d'Akbès, et à une journée et demie de marche d'Alexandrette , l'*Alexandra minor* des anciens (1). C'est là qu'avait été achetée, en 1881, la propriété où allait s'établir la première Trappe de Syrie. Dom Polycarpe en donne lui-même la description suivante dans une lettre écrite à son frère, le 5 juin 1881, lors de son premier voyage en Orient.

« Nous venons de découvrir une splendide propriété, ou plutôt je crois que c'est la Sainte Vierge qui nous l'a montrée le dernier jour du mois qui lui est consacré. Figure-toi un terrain dont j'estime la superficie à quatre cents hectares ; Père L... lui en donne de cinq à six cents. Pour être d'accord, et plus dans le vrai, met-

_____

(3) Aujourd'hui petit port de mer , situé à l'angle nord-est de la Méditerranée, à l'embouchure d'une petite rivière,

tons de trois à quatre cents hectares ; c'est
déjà joli. De ce terrain, partie calcaire et partie
volcanique, cent hectares sont déjà cultivés, et
on y récolte les céréales et les légumes de toute
espèce, blé, maïs, lentilles, etc....

«L'olivier, la vigne, le mûrier, et divers autres
arbres à fruit y viennent très bien. Ici et là plusieurs sources excellentes qui me rappellent
tout à fait celles de Notre-Dame-des-Neiges,
tant l'eau qu'elles donnent est limpide et fraî-
che ; elle est surtout abondante, au point qu'elle
peut faire marcher un moulin, même au plus
gros de l'été et arroser facilement de cent
cinquante à deux cents hectares de terrain.
Dans la vallée — car nous sommes un peu dans
la montagne — le sol paraît d'une richesse
incomparable. Les endroits non cultivés sont
couverts d'une herbe sauvage qui a bien près
d'un mètre de hauteur. Quel excellent fourrage
pour nos futurs troupeaux !...

« Ajoute à tout cela, dans le voisinage, une magnifique forêt de haute futaie, pouvant bien
mesurer près de trois cents hectares, et toute
garnie de chênes, de pins maritimes, d'aliziers
sauvages, de caroubiers, etc... Nous serons là
sous le même degré de *latitude* que Staouéli,
mais le pays est bien plus sain, puisqu'il est

élevé à six cent cinquante mètres au-dessus
du niveau de la mer.... »

Telle est la relation, à la fois géographique,
économique et géologique, de ce nouveau champ
que la colonie venue de Notre-Dame-des-Neiges
avait résolu de travailler, et où se rendait presque chaque jour un petit groupe de frères pendant que l'on était encore en résidence à Akbès.
Ce voyage quotidien ne pouvait pas durer, car
l'on s'aperçut bien vite qu'après une longue
marche les forces manquaient pour le travail.

Aussi dès qu'un premier bâtiment provisoire
eût été achevé, quelques-uns s'y installèrent
définitivement ; puis plusieurs tentes furent
dressées aux endroits les plus favorables et en
peu de temps la petite communauté, quoique
locataire à Akbès, se trouva tout entière à
Cheikhlé, que l'on appela désormais Notre-
Dame-du-Sacré-Cœur.

Les premiers aménagements n'étaient pas
encore finis qu'une bien triste nouvelle vint
assombrir les joies de ce commencement de vie
de fondation. Le Révérend Père Dom Gabriel,
abbé d'Aiguebelle, sous l'inspiration duquel
l'œuvre avait été menée et décidée, avait suc-
combé, vers la fin du mois de juin de cette année
1882, aux douloureuses infirmités dont il souf-

frait depuis longtemps déjà. Cette mort fut un grand coup pour Dom Polycarpe.

« Elle me plonge, écrivait-il, non seulement dans la plus profonde douleur, mais encore dans l'abattement le plus complet. Dom Gabriel m'aimait sincèrement et profondément, je puis le dire. Pendant vingt-huit ans, il a toujours été pour moi le meilleur des pères et un ami tout dévoué. C'est lui qui m'a fait devenir prêtre et m'a ensuite envoyé, comme à sa place, à Notre-Dame-des-Neiges. En toutes circonstances, il m'a traité avec la plus tendre et la plus vive affection, m'ayant fait pendant longtemps le confident intime de ses pensées, de ses sentiments, de ses joies, de ses tristesses et de ses projets. Ah ! je lui dois une profonde reconnaissance pour le bien immense qu'il m'a fait, au point de vue spirituel et intellectuel. Que n'ai-je mieux profité de ses leçons !... Dans les circonstances actuelles cette mort est un désastre pour nous (1). »

Sans doute, cette mort n'était pas un désastre irrémédiable, c'est-à-dire, la ruine même de la Trappe de Syrie ; Dieu ne le permettrait

____

(1) Lettre du 10 juillet 1882.

pas ; mais elle était sûrement une rude épreuve
pour le Père Polycarpe, une de celles qu'il n'ou
bliera jamais, tant elle l'atteignait au cœur, à
un moment surtout où les évènements se pré-
cipitaient et devenaient si critiques.

Néanmoins le bon Père ne perdit ni la paix
de l'âme, ni la confiance, et rien n'est touchant
comme la résignation dont témoignent toutes
ses lettres, au milieu des épreuves nombreuses qu'il plût à la Divine Providence de ménager à la petite colonie de Cheikhlé et à son
fondateur.

« Ici nous sommes bien sur la Croix, et Dieu
ne nous épargne guère depuis quelque temps.
Nous avons été tous malades, et deux des nôtres
nous ont été enlevés par la mort. Moi-même je
ne quitte pour ainsi dire pas le lit depuis le
25 juillet... » (1).

Une autre fois c'est la tente de la chapelle,
pourrie par la pluie et emportée par un coup
de vent, à l'époque même où il y avait onze
malades dans la maison ; plus tard ce sont les
tracasseries des Turcs qui, pendant trois fois,
les forcent, sinon à « déguerpir complètement, » du moins à suspendre leurs travaux ;

____

(1) Lettre du 26 septembre 1883.

et chaque fois reviennent sous la plume du
bon Père, parce qu'ils sont dans son cœur, les
mots de patience, de résignation, de confiance
malgré tout, car « c'est Dieu, disait-il, qui doit
finir par l'emporter. »

Ecrivant à son frère, pour lui annoncer qu'il
n'était plus supérieur de la petite fondation de
Syrie, il disait bonnement :

« Mon cher ami, que je t'annonce tout de
suite, et comme première nouvelle, que je ne
suis plus supérieur de Cheikhlé. *Deo gratias!*

» Tu ne saurais croire ce que j'éprouve de
contentement, à la pensée qu'enfin je suis dé-
livré de toute responsabilité. Déjà, en apprenant que ma démission d'abbé de Notre-Dame-
des-Neiges avait été acceptée, je m'étais senti
un bien-être que je n'avais pas éprouvé depuis
longtemps ; mais aujourd'hui, c'est la déli-
vrance complète.... Dieu soit béni. » — « Maintenant, porte une autre lettre de cette époque,
écrite à l'un de ses meilleurs amis, je me repose dans la pratique de nos saintes règles, environné de l'affection de ceux que je regarde
comme mes plus chers enfants, et qui s'ingénient à me rendre la vie plus agréable et plus
douce. Nous commençons à unir la vie du mis-

sionnaire à celle du trappiste. Je ne puis pas
faire grand'chose, car je suis trop vieux pour
apprendre la langue du pays, mais lorsque nous
aurons de jeunes orphelins, je pourrai me rendre peut-être un peu plus utile. »

Ces paroles, qui montrent bien la profonde
humilité du bon Père, font ressortir en même
temps le grand attrait qu'il eut toujours à s'occuper des enfants, et nous pourrions dire, d'une
manière générale, des humbles, des pauvres,
des déshérités. C'est encore là, en effet,
l'une des notes marquantes de son caractère ;
lui, que ses relations de famille et de collège
mettaient naturellement en rapport avec les
hommes les plus distingués, il préféra toujours aller du côté des humbles et des pauvres, donnant comme raison de ses préférences
la parole du Divin Sauveur, qu'il faisait sienne :
« Laissez venir à moi les petits enfants. »

Un jour, quelqu'un lui faisait précisément le
reproche de trop se tenir à l'écart de ses amis
et de ses anciens camarades ; il répondit :
« Que voulez-vous, on ne s'est pas fait. Eh !
bien, moi je suis très timide, et je ne me sens
pas à l'aise avec les grandeurs ; je suis fait
pour les petits. » Voilà pourquoi, sans doute,

il aima toujours beaucoup les enfants et se plaisait à s'occuper d'eux jusque dans les plus petits détails de leur vie morale, intellectuelle et même physique. « Ce n'est pas un père, disait quelqu'un qui le connaissait bien, c'est une vraie mère pour ses enfants ! »

Il avait, en effet, toutes les délicatesses des mères, leurs instinctives intuitions, et surtout tout leur cœur. Aussi, nous ne nous étonnons pas de trouver sous sa plume le désir de voir bientôt un orphelinat à Notre-Dame-du-Sacré-Cœur de Cheikhlé.

Cela devait arriver ; mais il fallait auparavant s'occuper d'avoir, sinon un monastère complet, du moins un logement suffisant pour la communauté. On y travaillait avec entrain, lorsque Dom Polycarpe fut mandé en France par la Commission chargée de préparer la cause de béatification du Vénérable curé d'Ars. C'était vers la fin de l'année 1885. Malgré son peu de goût pour un si long et si pénible voyage, le bon Père ne crut pas devoir refuser ce qui lui était demandé concernant la guérison d'un religieux de Notre-Dame-des-Neiges, arrivée à la suite de l'invocation du saint curé et du contact de certains objets qui lui avaient appartenu.

Dom Polycarpe, parti de Cheikhlé au commencement de novembre, arriva à Marseille
le 16 du même mois. De Marseille, il se rendit
directement à Lyon, chez son frère, l'abbé Louis
Marthoud. Là, il prit quelques jours de repos,
prépara soigneusement la déposition qui lui
était demandée, puis il fit son pélerinage à Ars.
A partir de ce moment nous le trouvons tout
occupé des intérêts de la fondation de Syrie,
soit auprès du gouvernement, qui se montrait
favorable à l'œuvre et lui venait en aide, soit
auprès des fidèles, dont il sollicitait la charité à
l'intention du futur orphelinat de Cheikhlé.

Entre temps, le bon Père, que l'on ne reconnaissait presque plus à sa longue barbe de missionnaire, vint à Notre-Dame-des-Neiges revoir cette maison toujours si chère à son cœur,
et où toujours aussi les cœurs lui demeuraient
si attachés.

« On ne veut plus me laisser partir, écrivait-
il, et j'avoue que la tentation tombe en bonne
terre !... mais !... »

Avant de repartir, Dom Polycarpe voulut
voir aussi quelques amis, de ceux que l'éloignement ne peut faire oublier ; et rien n'est
touchant comme la franche simplicité avec laquelle il exprimait la joie ressentie par lui, aux
marques de sympathie qu'on lui prodiguait.

« Vraiment, écrivait-il, je vois que j'ai encore beaucoup à faire pour arriver à la perfection du détachement. Ah ! ce pauvre cœur !... »

Plusieurs lettres de cette époque sont datées du Sacré-Cœur d'Alais. Le vénérable abbé avait une prédilection pour cette maison, qui lui rappelait le Sacré-Cœur de Lyon, près duquel s'étaient écoulées sa jeunesse d'étudiant et les années qui avaient préparé son entrée en religion. D'ailleurs, il trouvait là, avec le calme du cloître, la délicieuse affection d'une sœur, d'autant plus aimée qu'il avait en quelque sorte dirigé sa vocation. Et puis, pourquoi ne pas le dire ? Si Dom Polycarpe aimait le *petit Sacré-Cœur d'Alais*, comme il l'appelait, il était lui aussi aimé et vénéré dans cette chère maison, d'où s'élevaient vers le ciel tant de vœux et tant de prières ferventes pour la prospérité de Notre-Dame-du-Sacré-Cœur de Syrie.

« Je suis ici, disait-il, au repos de l'esprit et du cœur, dans la prière et les pieux entretiens, et je dirais volontiers avec les apôtres : *Bonum est nos hic esse*, il fait bon être ici ; mais le temps passe, et il va falloir reprendre le chemin de l'Orient... »

Le temps, en effet, passait, il passait vite, surtout pour ceux qui auraient voulu retarder indéfiniment la séparation, et qui voyaient avec tristesse arriver l'heure d'un nouvel adieu. Pourtant il fallut s'y résigner, car le devoir était là, et devant le devoir nettement affirmé, le Père Polycarpe n'hésita jamais.

« Il est probable que je ne reverrai plus la France, nous disait-il, deux jours avant de s'embarquer. Si vous voulez me revoir il faudra que vous veniez en Syrie. »

Hélas ! le bon Père ne disait que trop vrai. Il ne devait pas revenir en France et nous ne devions pas avoir le bonheur de le revoir. Du moins nous aurons la consolation de montrer combien furent précieuses devant Dieu les dernières années de sa vie.

§ II. — Nouvelles infirmités ; — Bon cœur ; — Amour de l'é-
tude ; — Trait de grande humilité ; — Election du Prieur de
Cheikhlé à l'abbaye de Staouéli ; — Grande tristesse de Dom
Polycarpe ; — Sa mort.

Dom Polycarpe partit de Marseille à bord du
Niémen, le 29 octobre 1886, et arriva au port
d'Alexandrette le 9 novembre.

Nous le retrouvons à Notre-Dame-du-Sacré-
Cœur quelques jours après. Il a repris son
humble cellule, ses exercices religieux et ses
petits emplois de sous-prieur, de maître des
novices et de bibliothécaire, en attendant les
jeunes orphelins qu'on lui a promis.

« Enfin me voilà à mon petit train ordinaire,
écrivait-il le 21 mars 1887, j'ai trouvé notre
bonne petite communauté toujours pieuse et
pleine de zèle. Tout le monde va à peu près
bien : Quant à moi, sans avoir de maladie bien
caractérisée, je me sens bien affaissé. Je suis
vieux, cassé, sans forces ; le moindre changement de température me cause des perturba-
tions effroyables. Décidément la monture ne

vaut plus grand chose ; il est vrai que j'ai soixante ans, et quarante-un de trappe !... »

Désormais, en effet, les infirmités du vénérable abbé deviennent plus nombreuses et plus pénibles. Il n'est guère de lettre à son frère où il n'en dise quelque mot, tantôt pour s'excuser de son retard à lui écrire, tantôt pour se plaindre de ce qu'il ne peut faire comme tout le monde et se trouve condamné à la vie de cellule.

« Je ne puis même plus, disait-il, me rendre jusqu'à l'Église pour l'office et mes exercices de piété. Oh ! que cela m'est dur et me rend triste parfois !... Pourtant, dois-je me plaindre, ajoutait-il, quand je pense à tout ce que l'on fait ici pour moi, afin de me rendre la vie aussi douce que possible ?... Notre bon et bien aimé père Prieur, malgré ses nombreuses occupations — car il tient tête à tout — ne manque jamais de me faire une petite visite chaque soir ; et je ne saurais dire combien cette attention de ce cher enfant, devenu mon père, m'est agréable... »

On a dit de Dom Polycarpe que son trop bon cœur avait été cause de la plus grande partie des tristesses de sa vie ; nous croyons que l'on a dit vrai. Mais n'est-il pas vrai aussi que ses meilleures œuvres furent des œuvres dues à son bon cœur?... Il est incontestable, en tout cas, que l'un des plus beaux côtés de l'âme du Père Polycarpe, c'était son exquise délicatesse de sentiments. Certes, il n'était pas susceptible ; il avait trop d'esprit pour cela ; mais il était d'une rare sensibilité, et nul ne ressentait plus que lui une attention délicate, un bon procédé, et surtout un bienfait.

Il avait ce qu'on appelle délicieusement « la mémoire du cœur. » Nous en avons eu une nouvelle preuve en parcourant la nombreuse correspondance qui a été mise entre nos mains. Sans cesse reviennent sous sa plume les noms de ses amis et de ses bienfaiteurs, nous voulons dire des bienfaiteurs de sa communauté, à laquelle il rapportait tout ce qui lui était fait à lui-même.

Ainsi, comme il parle souvent dans ses lettres des bons Pères Lazaristes d'Akbès, qui l'avaient reçu lors de son premier voyage en Syrie et avaient ensuite accueilli avec tant de bienveillance et de charité la petite colonie venue de Notre-Dame-des-Neiges ! Et toujours c'est pour redire toute la reconnaissance que lui et les siens doivent à ces bons Pères, dont le voisinage est une consolation et un secours pour les Trappistes de Cheikhlé. Rien n'est touchant comme les recommandations pressantes et minutieuses qu'il envoie à son frère à l'occasion de la visite que devait lui faire, au cours d'un voyage en France, le Supérieur de la mission d'Akbès. C'est de ce Supérieur qu'il écrivait le 22 mars 1892 :

« Oh ! oui, c'est bien notre grand ami, un insigne bienfaiteur, un vrai saint, aux idées larges et généreuses, un cœur d'or, le vrai fondateur de notre maison, auquel nous avons voué une affection et une reconnaissance sans bornes... »

Bien doué du côté du cœur, Dom Polycarpe l'était aussi du côté de l'intelligence que Dieu lui avait donnée prompte, pénétrante, large et curieuse, de cette louable et très noble curiosité qui s'applique à l'étude pour mieux connaître et approfondir la vérité. On peut dire qu'il eut non seulement le goût, mais encore la passion de l'étude et du savoir, dans le domaine de l'Ecriture-Sainte, de la théologie, de la littérature et surtout de l'histoire, pour laquelle il montra de tout temps une préférence marquée. Aussi recommandait-il souvent à son frère de le « gâter un peu », en lui faisant passer, « là-bas dans son désert », ce qui paraissait

sait de nouveau en France et pourrait l'intéresser. Après un envoi assez considérable il lui écrivait en 1891 :

« Mille fois merci, mon cher ami, pour toutes les provisions qui viennent de m'arriver ; mais, que veux-tu ? Je dévore, et l'appétit qui vient en mangeant, dit-on, prend chez moi des proportions inquiétantes !... Je viens donc encore te faire une demande, et cette fois, pour me satisfaire, il faudrait un si gros morceau que je n'ose t'en parler, enfin tu m'enverras ce que tu pourras... »

Après ce délicieux préambule, bien capable d'enlever toute pensée de parcimonie chez l'aimable fournisseur du bon Père, arrive la liste des livres désirés ; elle est longue, et certes bien y composée; entre autres œuvres, en effet, nous remarquons celles-ci, qui témoignent avantageusement des goûts littéraires du solitaire de Syrie : *La Civilisation au* v^e *siècle, Dante et les Philosophes catholiques*, par F. Ozanam, le *Tableau de l'Eloquence chrétienne a* ive *siècle*, par Villemain. etc...

Cependant l'amour de l'étude ne faisait point oublier au Père Polycarpe l'œuvre essentielle

de sa sanctification , et ses lettres, devenues
moins fréquentes, sont de plus en plus imprégnées d'esprit de foi, de résignation chrétienne et de complet abandon à la sainte volonté de Dieu. Dans l'une d'elles nous rele-
vons ces paroles, bien dignes de sa belle âme :

« Vous vous plaignez de ce que nous semblons
ne plus compter pour rien dans la vie, puisqu'on nous oublie si vite et si complètement !
Mais c'est une grande grâce que le Bon-Dieu
nous fait, et l'un des meilleurs moyens dont il
se sert pour nous détacher, non seulement des
créatures, mais, ce qui est mieux, de nous-
mêmes... »

Que de paroles semblables nous pourrions
citer encore ! Que de traits édifiants, dont
nous avons entendu le récit, auraient ici leur
place et compléteraient bien le dernier
tableau de cette pieuse vie ! Du moins , par le
peu qui lui aura été révélé, le lecteur devinera
facilement ce que la discrétion et la piété filiale
nous auront prescrit de laisser dans l'ombre.

D'ailleurs une précieuse note, que nous venons de recevoir et que nous destinons à servir de conclusion à notre petit travail, comblera

les lacunes que nous laissons volontairement.
Il y sera parlé des vertus du bon Père, et en
particulier de son humilité profonde que ceux-
là ont appréciée qui en ont été les témoins.

Un jeune frère, chargé de la cuisine, nous a
raconté à nous-même, qu'ayant donné occasion
à Dom Polycarpe de s'impatienter assez vivement, il fut arrêté, un moment après, par le vénérable abbé, qui le prit par la main et le pria
de le suivre à la cuisine.

« Aussitôt arrivé, nous dit-il, le Père tomba
à genoux devant moi, et me demanda pardon
de m'avoir scandalisé et fait de la peine ! Je
n'y vis plus, et les larmes m'aveuglaient ! »

Nous comprenons l'émotion du bon frère, et
nous osons dire que l'humilité n'est qu'un vain
mot si elle ne se trouvait pas dans la démar-
che de ce vieillard à cheveux blancs, revêtu
de la dignité abbatiale, et se tenant aux pieds
d'un jeune religieux de trente ans, le cuisinier
de la maison !

Pendant que Dom Polycarpe partageait ainsi
son temps entre la prière, l'étude et la bonne
édification de ses frères, les travaux de construction s'étaient avancés assez rapidement et
l'on se trouvait un peu plus au large à Notre-
Dame-du-Sacré-Cœur. Le Père en profita pour

faire admettre dans la maison quelques orphelins. C'était l'œuvre qu'il avait rêvée en mettant le pied sur la terre d'Orient. Il en fut chargé, et Dieu sait avec quel zèle il s'en occupa et quel soin il mettait à former ces jeunes âmes, à leur apprendre le catéchisme, à les préparer à la première communion, et surtout à leur donner l'amour de la vertu et des habitudes de sérieuse piété.

Dans la plupart de ses lettres nous le voyons demander des prières à ses amis de France, pour « ses chers enfants » ; en retour il leur raconte avec complaisance les petites fêtes organisées pour divertir ou édifier « sa petite troupe. » Cela me rajeunit et me réjouit », disait-il.

Dom Polycarpe, en effet, semblait rajeunir d'esprit et de cœur, au contact de sa « bruyante jeunesse syrienne », et on lui retrouvait assez souvent toute sa bonne humeur d'autrefois, malgré les nombreuses infirmités dont il souffrait.

Ainsi sa vie se continuait, plus que jamais douce, calme et pieuse. Il s'en félicitait luimême auprès de ses amis lorsqu'un évènement, qui le réjouissait cependant, vint lui « mettre la mort dans l'âme ». C'est lui-même qui le dit, en transmettant à son frère « la grande nouvelle. »

« ... Oui, mon cher ami, lui écrivait-il le 23 octobre 1893, j'ai une grande, une très grande nouvelle à t'apprendre... Dom Augustin, abbé de Staouéli, avec lequel j'ai fait mon noviciat en 1846 et 1847, est mort dans son abbaye le 29 septembre, et le 13 octobre suivant a eu lieu l'élection de son successeur. Or, c'est notre Révérend Père Dom Louis de Gonzague, prieur de Notre-Dame-du-Sacré-Cœur de Cheikhlé qui a été élu. Dom Sébastien, notre Supérieur Général, vient de le lui faire savoir par deux dépêches télégraphiques. Il hésite à accepter, et son premier mouvement a été de refuser net. Je l'engage vivement à accepter, bien que son départ me *mette la mort dans l'âme*, car c'est le plus grand sacrifice que je puisse faire. Mais il me semble qu'il y a là un dessein manifeste de la divine Providence. Comment expliquer humainement cette nomination, quand je songe que notre bon père Louis était presque un inconnu pour les religieux de Staouéli ? Évidemment la main du Bon Dieu est là. »

Il est hors de doute, en effet, qu'en cette affaire, il fallait voir la main de Dieu ; et c'est devant cette pensée que se placèrent le nouvel élu et Dom Polycarpe, pour se résigner l'un et l'autre au dur sacrifice de la séparation.

« Je vous remercie, écrivait le vénéré Père à une âme amie, je vous remercie de la part si vive que vous avez prise aux épreuves par lesquelles il a plu à notre Divin Maître de me faire passer, ces épreuves du cœur toujours si sensibles et souvent si difficiles à supporter ! Vous le dirai-je ? Je ne puis encore me faire au départ si imprévu de notre cher père Prieur, ce cher enfant que je m'étais habitué à regarder comme un autre moi-même, tant, dans ma pensée, nous étions inséparables. Je l'avais reçu qu'il n'était encore qu'un enfant ; je l'avais vu grandir sous mes yeux, et je m'étais plu à le former aux vertus religieuses. Depuis 1866, depuis vingt-sept ans par conséquent, nous ne nous étions jamais séparés, si bien que je comptais sur lui pour me fermer les yeux et m'assister à mes derniers moments. Le Bon Dieu en a disposé autrement, que son saint Nom soit béni (1) ! »

C'est toujours là qu'en venait Dom Poly-

(1) Lettre du 13 avril 1894.

carpe, et l'on peut bien dire que sa résignation à la volonté divine s'accentuait d'autant plus que les épreuves elles-mêmes augmentaient et se multipliaient avec l'âge.

Après le départ du bien aimé Prieur de Notre-Dame-du-Sacré-Cœur, qui laissait un si grand vide dans l'âme du bon père, ce fut le tour du vénéré supérieur des Pères Lazaristes d'Akbès, dont nous avons parlé plus haut, et auquel Dom Polycarpe avait voué une si vive affection. Encore une bien dure épreuve pour lui.

« Ce départ, écrivait-il à ce propos, nous est d'autant plus sensible que M. Destino a été l'ami des temps mauvais, l'ami dont les conseils, les consolations, les services sans nombre, nous ont été d'un si grand secours....»

Puis, le pauvre Père se hâte encore une fois de faire voir qu'en tout cela, « il faut lever les yeux du côté du ciel, d'où vient la consolation après la peine. »

Un ami est parti, et voilà que le Bon Dieu en envoie un autre, au moment où l'on ne s'y attendait pas ; et quelle manière bien à lui de l'annoncer.

« ...Voici que tout à coup, la veille du dimanche de la Passion, le successeur de M. Destino *nous* est arrivé ; je dis *nous* parce que les deux maisons, quoique séparées par une heure de chemin, n'en ont jamais fait qu'une par le cœur »!

C'est bien là Dom Polycarpe dans ses amitiés ; il se donnait au point que lui ou ses amis, c'était tout un ; sa nature — une nature essentiellement loyale et généreuse, — ne lui permettait pas de ne se donner qu'à demi ; il y allait de tout lui-même, et toujours à cœur ouvert, sans arrière-pensée, se donnant pour de bon et sans restriction. Il comptait sur ses amis, et ses amis pouvaient compter sur lui. Ainsi font les grands cœurs.

Dans l'article nécrologique que lui a consacré la *Semaine religieuse* de Lyon, sous la plume d'un excellent ami, il est parlé « des douleurs de l'exil » que Dom Polycarpe ressentait vivement ; cela est vrai, surtout pour la période où nous sommes arrivés de cette édifiante vie. On le sent à chacune des lettres datées de cette époque ; à travers la résignation, très sincère et très grande, perce une indéfinissable mais réelle tristesse qui avait envahi l'âme du bon Père, et lui faisait dire dans une lettre que nous gardons comme une relique :

« Priez bien pour moi, car je ne sais ce que que cela veut dire, mais je suis triste, bien triste, et je souffre. Que voulez-vous, c'est la fin qui approche, je le sens bien. « *Jam delibor, et tempus resolutionis meæ instat... cursum consummavi...* (1) » Que la volonté de Dieu soit faite ! D'ailleurs, qu'est-ce qui peut bien me retenir davantage sur la terre ?... »

Il est vrai que beaucoup de liens étaient rompus, de ceux surtout qui s'étaient formés autour de Dom Polycarpe parmi ses enfants de la Trappe, et après le sacrifice que lui avait imposé le départ du prieur de Notre-Dame du Sacré-Cœur pour Staouéli, on comprend son détachement et la tristesse qui avait gagné son âme. Cependant tous les liens qui le retenaient à la terre n'étaient pas brisés, et les épreuves que Dieu lui réservait, pas encore finies. Un autre coup l'attendait, avant le départ pour « le grand voyage », qui devait cruellement l'éprouver. Nous voulons parler de la mort de son frère, M. le chanoine Louis Marthoud, qui arriva le 3 mars 1895.

Il y avait déjà longtemps que M. Marthoud se trouvait dans un état de santé bien délabrée et même tout à fait compromise. La vie de missionnaire, à laquelle il s'était voué presque dès

____

(1) *Le temps de ma dissolution approche... J'ai achevé ma course.* II Tim. IV, 6.

le début de son sacerdoce, l'avait vieilli avant
l'heure, et quoique de dix ans plus jeune que
son frère de la Trappe, on lui aurait donné facilement le même âge.

Pour comprendre toute la douleur que dut
ressentir Dom Polycarpe en apprenant la mort
de son frère, il faudrait connaître tout ce que ce
frère lui était et tout ce que lui-même avait été
pour ce frère bien aimé. Le jeune Lonis avait
neuf ans quand Henri Marthoud était parti pour
la Trappe ; c'est à peine, par conséquent, s'il
avait connu son frère aîné. De là, entre eux
deux, des relations d'une fraternité toute spéciale, pleine de respect d'un côté, de l'autre
pleine d'une affectueuse autorité, se rappro-
chant beaucoup de celle du père envers ses
enfants.

Du reste, Dom Polycarpe avait été toujours
comme un père vis - à - vis de son jeune frère.
Après avoir encouragé sa vocation sacerdotale,
il l'avait suivi, avec une sorte de sollicitude paternelle, durant le cours de ses études et parmi
les œuvres de son ministère apostolique. Ils
s'écrivaient très souvent, et le bon Père était
tellement habitué à ces échanges de cau-
serie fraternelle, qu'il disait à sa sœur, le
29 mars 1895 :

«.... Je ne puis me faire à cette idée que non seulement je ne le reverrai plus ici-bas, ce cher ami, mais que je ne recevrai plus de ses doux messages, qu'il était si heureux de m'adresser au plus tard tous les quinze jours, et que j'étais encore plus heureux de recevoir... Mais quelle que soit ma douleur, la pensée du bonheur dont il jouit dans le ciel, comme sa ferveur, son zèle apostolique et la si sainte mort qu'il a eu le bonheur de faire nous autorisent à l'espérer, me donne une consolation bien grande et tempère doucement cette douleur... »

A un ami il écrivait encore, à cette occasion : « Cette mort, à laquelle cependant je m'attendais, m'a bien douloureusement frappé ! Je me console en pensant que bientôt j'irai le rejoindre. J'espère du moins que le Divin Maître me fera cette grâce. »

Cette grâce fut faite au vénérable abbé plus tôt que ne le pensaient ses amis de France, et même ses enfants de Cheikhlé. Sans doute les infirmités allaient se multipliant tous les jours pour le bon Père, et une épreuve comme celle que venait de lui procurer la mort de son frère n'était point faite pour adoucir ses souffrances et améliorer son état de santé. Cependant aucune

aggravation ne s'était produite pouvant inspirer des craintes à ceux qui l'entouraient, et
nous voyons, d'après les quelques lettres datées de cette époque, qu'il ne se sentait pas
plus malade. Le vide, laissé par « son cher et
fidèle correspondant, » avait jeté dans sa vie de
« reclus » une note de tristesse, mais son esprit
restait le même, toujours vif et studieux, sa mémoire toujours étonnamment bonne et fidèle. Il
le montra par la netteté et la précision des détails dans lesquels il sut entrer pour le règlement de la succession de son frère.

De sa chambre, dont il ne pouvait plus sortir,
il s'intéressait à tout ce qui se faisait autour de
lui, comme il l'eût fait aux beaux jours de sa
pleine santé. D'ailleurs, sauf la difficulté qu'il
avait pour marcher, tout allait assez bien en
lui ; il prenait encore de la nourriture, et les
quelques heures de sommeil passées sur
son fauteuil, — car il ne se couchait plus à cause
de l'asthme, — lui rendaient assez de force
pour qu'il pût reprendre dans la journée, ses
exercices de piété, ses catéchismes aux enfants
et « ses chères lectures. » Personne ne pensait
que cet état ne dût pas se prolonger longtemps,
et lui-même rassurait parfaitement le cœur de
ses amis par les excellentes nouvelles qu'il

leur envoyait. Il écrivait à sa sœur le 9 octobre, c'est-à-dire exactement quinze jours avant sa mort :

« Maintenant que les grosses chaleurs sont passées, je vais très bien. J'irais même parfaitement si ce n'était la faiblesse des jambes qui augmente toujours. »

Cependant l'heure suprême approchait, et bien que le vénérable infirme ne s'y attendît pas, on peut dire que la mort ne devait pas le surprendre. Son âme était prête ; et ceux qui eurent le bonheur de le connaître de près, surtout à cette dernière époque, s'en aperçurent facilement. On sentait que ses pensées et ses désirs étaient plus que jamais du côté du ciel et toujours sous le regard de Dieu.

Dans la lettre que nous venons de citer, probablement la dernière qui soit partie de chez lui, — une lettre certes bien alerte, bien gaie, peut-être plus qu'aucune autre, — dans cette lettre, après quelques souvenirs donnés à des affaires un peu délicates et difficiles, il disait à sa sœur :

« Et puis, vois-tu, ma bonne et très aimée sœur, il faut toujours tout abandonner entre les mains du Bon Dieu. Il sait mieux que nous ce qu'il nous faut, et il nous aime trop pour nous le refuser... »

Tandis que ces paroles arrivaient en France, apportant à l'âme à laquelle elles étaient destinées la plus douce joie, la maladie visitait la petite communauté du Sacré-Cœur de Cheikhlé. Un moment ils furent jusqu'à seize sur vingt obligés de garder le lit.

Dom Polycarpe fut l'un des premiers atteints, et il le fut si gravement qu'après trois ou quatre jours on commença à s'inquiéter. Cependant on espérait encore ; mais le vendredi, qui était le sixième jour depuis que le bon Père s'était senti fatigué, le mal avait fait de tels progrès que l'on crut devoir lui administrer les derniers sacrements.

« Il était exactement trois heures et demie du soir, nous écrivait le Révérend Père Prieur,(1) lorsque j'ai porté le Saint-Viatique à notre bien-aimé Père... Il s'est montré tout heureux de pouvoir faire la sainte communion, et on aurait dit même qu'il n'attendait que cette visite du bon Maître pour nous quitter, car après avoir communié il n'a plus été de ce monde ; il s'est mis de suite en action de grâces. Un quart

____

(1) Dom Étienne.

d'heure après il a perdu connaissance, et au
bout d'une heure il rendait paisiblement le
dernier soupir...»

C'était le 25 octobre ; le Père avait un peu
plus de soixante huit ans, dont cinquante de vie
religieuse.

Dieu, qui voit le fond des cœurs, est le seul
qui puisse apprécier en toute vérité et avec
justice la vertu et les mérites de chacun des
hommes ; c'est pourquoi nous n'aissaierons
même pas de toucher au mystère des vertus et
des mérites de Dom Polycarpe. Il nous suffira
de rapporter ici ce qu'écrivait de Salonique,
au lendemain de cette mort, l'ancien supérieur
des Pères Lazaristes d'Akbès, M. Destino, qui
avait connu intimément le vénérable abbé pendant douze ans.

« Votre télégramme du 31 actobre m'annon-
çant la mort du Dom Polycarpe m'a vraiment
atterré. C'est une immense perte pour la Trappe
de Cheikhlé ; une grande douleur pour vous
qu'il chérissait de toute la tendresse de son
cœur, et qui l'aimiez comme un Père, pour
moi qui l'aimais aussi , le vénérais et
l'estimais de la manière que vous connaissez.

Merci de la bonne pensée que vous avez eu de
me prévenir si promptement...

» Je me suis fait un devoir de prier pour son
âme et de la recommander aux prières de mes
confrères et de mes sœurs ; je lui dois tant de
bons conseils et d'encouragements!... J'ai la
ferme confiance qu'il jouit déjà du bonheur du
ciel, lui qui a toujours été le modèle du parfait
religieux et qui donnait l'exemple d'une si
profonde humilité, d'une bonté et d'une charité
vraiment maternelles. C'est le pauvre monastère
qui doit être dans la désolation ! ... Quant à
moi, c'est le dernier lien qui m'attachait encore
à la Syrie qui vient de se briser...»

La petite Trappe de Cheikhlé est encore trop
jeune pour qu'il soit possible de dire tous les
services qu'elle est appelée à rendre aux chrétiens d'Orient, et l'avenir seul permettra aux
historiens de l'Ordre de Cîteaux de porter un
juste jugement sur l'œuvre de Dom Polycarpe
en Syrie.

Toutefois une première et belle page vient
d'être écrite, qui ouvre dignement ses annales
et que nous sommes heureux de rappeler ici.
Elle émane des actes mêmes de l'assemblée
générale des supérieurs de la Congrégation de

la Trappe, tenue au mois de septembre de l'année 1896.

« Le Chapitre Général, est-il dit dans l'article V
des définitions capitulaires, félicite la communauté d'Akbès, pour sa noble conduite dans les
évènements d'Arménie. Ces dignes religieux
sont restés à leur poste et ont exposé leur vie
pour sauver les populations. Notre Ordre est
fier d'enregistrer ce fait glorieux dans ses annales (1). »

Pour faire comprendre combien a été mérité
un pareil éloge, il suffit de dire que du 22 au
26 du mois de mars de cette année 1896, la maison
des Trappistes de Cheikhlé, comme celle des
missionnaires Lazaristes d'Akbès, donna asile
aux chrétiens de tous les environs ; et c'est
grâce à cette généreuse hospitalité et aux démarches actives autant que courageuses des
supérieurs de la Trappe et de la mission
d'Akbès qu'ils purent échapper aux affreux
massacres exécutés par les musulmans dans la
plupart des provinces de l'Empire Turc.

____

(1) Extrait des décisions et définitions du Chapitre Général
de 1896.

Quand bien même la maison fondée par Dom Polycarpe n'obtiendrait pas d'autre résultat que celui de sauver la vie aux chrétiens de Syrie, pendant les troubles que le fanatisme y rend si fréquents, nous pensons que son existence là-bas aurait non seulement sa raison d'être, mais qu'elle demeurerait encore une œuvre digne des fils de saint Bernard et de l'Église Catholique.

ÉPILOGUE

ÉPILOGUE

Notre-Dame de la Trappe de Staouéli
(Alger).

Le 26 novembre 1896.

. . . .

.... « Voici quelques lignes sur Dom Polycarpe en Syrie ; elles ont été pensées et écrites
par le meilleur novice qu'il ait jamais formé, je
crois....»

Ainsi s'exprimait le supérieur de la Trappe
de Staouéli, en nous envoyant les dernières pages que l'on va lire.

Celui qui les a écrites nous en voudra peut-
être, et nous pardonnera difficilement notre
indiscrétion. Qnand on quitte, à trente ans, un
beau nom et son épée, pour s'ensevelir au
fond d'un désert comme celui de Cheikhlé,
n'est-ce pas pour se faire oublier complète-

ment ? Du moins, les amis de Dom Polycarpe seront moins rigoureux et nous sauront gré de leur
faire connaître ce que pensait du saint abbé
l'un des témoins intimes des dernières années
de sa vie ici-bas.

Pour notre part, nous ne voulons pas donner
d'autre conclusion à notre récit que ces
« *quelques lignes* », tombées d'un cœur encore
tout chaud des souvenirs édifiants laissés par
Dom Polycarpe à ses enfants. Ce sera comme
un dernier et lumineux rayon jeté sur cette
longue existence de moine, si douce et si
recueillie à son début, si agissante et si féconde
durant les années consacrées à affermir et à
conduire la fondation de Notre-Dame-des-
Neiges, si pieuse pendant l'exil, toujours si
humble et toujours si chrétiennement résignée,
au milieu des âpretés et des déceptions dont
son chemin fut semé.

« Voyez-vous, disait-il, il faut toujours vouloir ce que le Bon Dieu veut et rien autre
chose. »

C'était là toute sa mystique, le grand mobile
de ses œuvres et aussi toute sa force.

Cette note dominante de la vie de Dom Polycarpe n'a point échappé au pieux témoin auquel
nous sommes si heureux d'emprunter notre
conclusion, et qui a écrit :

« ... La vertu la plus pénétrante du Révérend Père, celle qui dirigeait tous ses actes, c'était l'attachement inviolable au devoir... Le devoir, fait avec une conscience scrupuleuse et un courage invincible, voilà sa vie... Pour lui, les simples désirs de ses supérieurs étaient des ordres qu'il accomplissait sans hésiter, tout de suite, et de tout son cœur.

» Une chose lui semblait-elle utile ? Il offrait de s'en charger. Y avait-il un travail bas ou pénible? Il le réclamait comme une faveur. En ces dernières années, on l'a vu à la fois maître des novices et des frères convers, maître d'école des petits enfants et buandier, en même temps que second supérieur.

» Les travaux que lui imposaient ces emplois il les accomplissait tous avec une égale perfection, avec le soin le plus minutieux. Enseignait-il l'arithmétique à de pauvres petits Turcs ? Il passait de longues heures à préparer les leçons. Instruisait-il de jeunes religieux ? Il composait pour eux des cours d'ÉcritureSainte et d'histoire, écrits avec autant de soin que si au lieu de deux élèves il en eut cent. Quoi qu'il fit, il le faisait avec une conscience infinie, car tout ce qu'il faisait, il le faisait pour Dieu. Il était vraiment le juste qui vit de foi...

» Quel courage ne lui a pas demandé cette inviolable fidélité au devoir ! Infirme à l'excès, il n'a jamais cessé de donner l'exemple de la régularité monastique. Jusqu'à la fin il était le premier à l'Eglise, à deux heures du matin. Presque jusqu'à son dernier jour il a sonné lui-même le réveil : et on l'a vu, pouvant à peine se tenir debout, se traîner dans les cours, pour y allumer les lanternes avant deux heures. Si à onze heures du soir il ne dormait pas, ce qui arrivait souvent, il allumait sa lampe et passait la nuit blanche, de peur de ne pas entendre sonner l'heure du lever.

» Il était malade, sans voix, et il trouvait des forces pour aller faire des classes de deux heures à de petits indigènes. Ni l'âge, ni la maladie ne l'ont empêché d'aller jusqu'à la fin au chœur, au réfectoire, au chapitre. Il racontait que son père-maître était allé au chapitre le jour de sa mort. Il suivit cet exemple et fut debout jusqu'au dernier jour de sa vie : il mourut assis, revêtu de sa coule, en pleine connaissance, au milieu de sa communauté!...

» Il observait les plus petits détails de la Règle, et il répétait souvent : « Soyez fidèles dans les petites choses pour l'être dans les grandes, et n'oubliez pas qu'obéir à la Règle, c'est obéir à Dieu.»

» Comme il ne voyait que le devoir, il s'oubliait entièrement lui-même. Le devoir, l'obéissance, le bien des âmes, il ne voyait que cela : c'étaient les seuls mobiles de ses actes : aucun, semble-t-il, n'avait pour fin son bien propre.

» Il était vraiment « *mort* » à lui-même, vraiment « *mortifié* et *crucifié*, » ne s'occupant pas plus de lui que s'il n'avait pas existé.

» Et avec cet oubli de soi si absolu, quelle humilité ! Lui si élevé par l'intelligence, la science, l'éducation, la dignité, comme il s'effaçait, comme il obéissait, comme il aimait les petits, comme il se plaisait dans les occupations les plus viles ! Sa société favorite était de bons vieux frères convers et les petits enfants ; « ce sont les âmes qui vont le plus droit à Dieu, » disait-il. Lui si instruit, et qui aimait tant l'étude, avec quelles délices il se plongeait dans les plus humbles travaux manuels ! Quand il n'eut plus la force de bêcher la terre, il lava le linge ; puis il fallut se contenter de le raccommoder. Comme c'était édifiant, quand on entrait pendant le temps du travail dans sa cellule, de le voir, l'aiguille à la main, rapiéçant des bas !...

» Et la sainte pauvreté, cette mère de l'humilité et de la pénitence, comme il la pratiquait ! Que d'années nous l'avons vu habiter une hutte de quelques pieds carrés, dont on touchait de la main le toit de chaume, et qui ne recevait de jour que par une lucarne, sans autre fermeture qu'un morceau de percale ? C'était ce qu'il y avait de plus petit et de plus pauvre : c'était ce qu'il préférait. Il avait vraiment épousé la pauvreté, cette inséparable compagne de Notre-Seigneur Jésus-Christ.

» Et comme toutes ces vertus s'épanouissaient dans l'incomparable bonté dont il enveloppait, non seulement tous les hommes, mais toutes les créatures de Dieu, jusqu'aux animaux, répandant les richesses de son cœur sur tout ce que Dieu a « trouvé bon ! » Quelle tendresse pour les malades ! Souffrant lui-même, il trouvait toujours assez de forces pour les visiter, leur parler, les consoler, les récréer ! Il ne comptait pas les heures qu'il leur donnait : quatre, cinq fois par jour, il allait voir tel malade à qui sa visite faisait du bien. Comme il s'indignait saintement quand il remarquait quelque négligence dans le soin des infirmes !

» Et avec les novices, quelle patience, quelles délicatesses, quelles attentions maternelles !... Un jour, où on le savait fatigué et couché, on fut tout étonné de le voir debout à cinq heures du matin auprès des religieux qui se rendaient aux champs : il s'était levé uniquement pour dire de faire rentrer un novice avant les autres, afin que celui-ci ait le temps d'écrire une lettre !...

» Il était un dortoir où il n'avait jamais pu monter, ses infirmités ne lui permettant pas d'en gravir l'escalier. Une fois cependant il y apparait, Dieu sait au prix de quels efforts ! Pourquoi ? Pour défendre à un novice un peu souffrant de faire une pénitence qui aurait pu le fatiguer !...

» Sa joie était de se dépenser et de se dépouiller pour les autres. Tel vêtement, tel objet lui était utile, presqu'indispensable : à la première occasion il forçait un novice, un malade, à l'accepter....

» Que dire de la tendresse avec laquelle il encourageait et relevait les âmes !... Oh ! comme il savait consoler, et comme auprès de lui les cœurs retrouvaient bien vite la confiance et la paix !....

» Sa charité était vraiment une charité bien ordonnée. Lui, en effet, si bon et si dòux, il était sévère lorsqu'il s'agissait du bien, et il ne craignait pas de donner une direction austère ; il aimait trop les âmes pour ne pas les pousser dans la voie de la croix, la seule où

16

l'on soit avec Notre Seigneur Jésus-Christ....
C'est qu'il la connaissait, lui, cette voie de la
croix ! Sa vie, si uniquement consacrée au devoir, au devoir fait avec tant de foi et tant de
cœur, de quelles souffrances ne fut-elle pas remplie? Infirmités précoces, douleurs physiques
presque continuelles, contradictions, épreuves
morales de toutes sortes!...Et parmi tant de tour-
ments, la paix la plus admirable ! Jamais une parole d'abattement, de tristesse ou de murmure :
« comme le Bon Dieu voudra », c'était sa seule
parole et sa seule pensée.

» L'une de ses joies c'était d'aller à l'Église
aux heures où elle était plus solitaire, et d'y
passer longtemps seul devant le très Saint-
Sacrement.

» Et que dire de sa dévotion envers la
Sainte Vierge ? Il était vraiment son fils ; oui
le fils tout dévoué de Marie. Qui de nous n'a
pas remarqué que ses yeux se tournaient vers
son image à tout instant ? Il ne cessait de
nous dire :

» Faites en union avec elle, toutes vos priè-
» res, toutes vos actions, et confiez les lui. Une
» mère, entrant dans une maison avec son en-
» fant, arrange les cheveux de l'enfant; ainsi
» fait la Sainte Vierge pour nos œuvres et

» nos prières : si nous les lui confions, en
» les portant à Dieu elle leur ajoute ce qui
» leur manque, et de mauvaises elle les rend
» bonnes. Oh ! mes enfants, aimez bien Marie,
» aimez-la de tout votre cœur !... »

Après ce pieux et authentique témoignage,
il ne nous reste qu'un mot à ajouter ; puissent
nos quelques pages, écrites pour répondre à
un désir qui était pour nous un ordre, édifier
les âmes qui les liront et contribuer à affermir dans le cœur de ses enfants et de ses
amis la mémoire vénérée de celui qui fut vraiment un fils de saint Bernard, c'est-à-dire ,
un moine au cœur d'apôtre, dont la vie entière
n'eut qu'un but, mais un but poursuivi avec
une sainte passion, servir Dieu, l'Église et les
âmes, sous la Règle de saint Benoit et d'après
les constitutions de l'Ordre de Citeaux.

ARTICLE NÉCROLOGIQUE(1)

MONSIEUR LE RÉDACTEUR,

Je viens d'apprendre la mort du Révérend Père Henri Marthoud, en religion Dom Marie - Polycarpe, retiré depuis quelques années à la Trappe de Notre-Dame-du-Sacré-Cœur, près d'Alexandrette, en Syrie. Ce vénérable religieux appartenait, par sa naissance, à la ville de Lyon, et son nom figure dans l'*Ordo* diocésain, au rang des abbés que notre diocèse a fournis à plusieurs monastères de trappistes. A ce titre, il m'a semblé qu'il avait quelque droit à un pieux souvenir dans votre *Semaine Religieuse*, et j'espère que vous voudrez bien accueillir ces lignes dues à la plume d'un de ses plus anciens amis et condisciples.

Le Père Marie-Polycarpe était né à Lyon en 1827, sur la paroisse Saint-Polycarpe, d'une famille très ho-

(1) Extrait de la *Semaine Religieuse* du diocèse de Lyon, 8 novembre 1895.

norable et très chrétienne, qui, sur cinq enfants, en
donna trois à l'Eglise dans la vie religieuse ou sacerdotale. Placé tout jeune au pensionnat des Chartreux,
il se concilia facilement, par son caractère aimable et
enjoué, l'affection de ses maîtres et de ses condisciples ;
et cette affection !n'a été affaiblie ni par les années ni
par la distance.

Il avait à peine terminé ses études et sa préparation
au baccalauréat, lorsque, pressé par une de ces irrésis-
tibles inspirations d'en haut, qui sont pour le monde
une énigme toujours indéchiffrable et souvent douloureuse, mais qui causent au ciel une joie profonde parce
qu'il en connaît le secret, il quitta brusquement sa
famille, ses amis, et alla s'ensevelir, à dix-huit ans, au
monastère d'Aiguebelle. Cette abbaye avait alors pour
supérieur Dom Orsize, de pieuse mais austère mémoire.
C'est lui qui fit à M. de Meaux, grand - père de M. le
vicomte de Meaux, ancien Ministre de l'Agriculture,
cette réponse qui caractérise bien cette physionomie
antique : le vénérable religieux, ancien député du Forez,
se plaignait un jour d'un certain manque d'égards que
son âge et sa condition passée lui rendaient peut-être
plus sensible : « Mon père, lui répondit l'abbé, il est
dans la maison quelque chose de plus respectable et de
plus ancien que vous, c'est la règle. »

Formé à cette école, le jeune novice fit de rapides
progrès dans les vertus monastiques. Aussi, quelques
années après sa profession, ses supérieurs l'envoyèrent-
ils en qualité de prieur à Notre-Dame-des-Neiges, dans

le diocèse de Viviers. Là, son influence ne tarda pas à se faire sentir et à dépasser même les espérances qu'il avait fait concevoir. En effet, par ses soins, par la sagesse de son administration, le monastère fut transformé ; les bâtiments, trop restreints et mal assis, furent reconstruits dans un site moins exposé aux rafales des vents et de la neige et sur un plan tout à la fois simple et grandiose. C'est alors que Mgr Delcuzy, évêque de Viviers, sollicita et obtint de Rome l'érection de ce prieuré en abbaye. Le nouvel abbé était tout désigné : toutes les voix du chapitre, excepté la sienne, se portèrent sur le Père Henri Marthoud, qui, en souvenir de sa paroisse natale, prit le nom de Dom Polycarpe. Ce choix était un juste hommage aux vertus, au caractère, à toutes les qualités d'esprit et de cœur qui le distinguaient et qui l'avaient rendu populaire dans les montagnes du Vivarais.

Pour n'être pas trop long, je ne décrirai pas la consécration abbatiale que voulut donner lui-même Mgr Delcuzy, malgré ses quatre-vingt-deux ans, et à laquelle assistaient M. du Chevalard, préfet de l'Ardèche, les abbés mitrés d'Aiguebelle et des Dombes, le Père Edmond, qui venait de ressusciter en France l'ordre des Prémontrés, MM. Hyvrier, Durand, Vettard, de Lyon. Mais je regretterais de ne pas rappeler les belles paroles que M. le Préfet adressa au nouvel élu, après la cérémonie :

« Comme administrateur du département, je remercie les PP. Trappistes des bienfaits sans nombre que, depuis plus de vingt ans, ils répandent sur la contrée, dont ils sont venus défricher et féconder le sol avec tant d'abnégation et de dévouement, donnant à tous, dans la pratique des plus hautes vertus, le fortifiant exemple d'une vie pauvre et laborieuse.

» Ensuite, a - t - il ajouté, comme ancien élève des Chartreux, je suis heureux de saluer, dans le Père Marie-Polycarpe, un camarade de collège, et de remercier notre digne supérieur, M. Hyvrier, des principes solidement chrétiens que nous avons puisés à la même source, principes qui sont l'esprit et la vie des sociétés et qui doivent nous inspirer tous les deux, vous, mon Père, dans la sublime vocation à laquelle Dieu vous a appelé ; moi, dans les sphères moins hautes de l'administration que m'a confiée un gouvernement sincèrement protecteur de tous les grands intérêts sociaux. »

Ceci se passait au mois d'août 1874.

Mais depuis, hélas ! le temps a marché rapidement. L'ordre moral et la république honnête ont fait place à un ordre et à une république tout à fait contraires ; et ces mêmes religieux, qui n'avaient pas cessé de répandre autour d'eux des bienfaits signalés, étaient traités comme des ennemis de leurs pays, et l'on ne craignait pas d'envoyer des soldats français faire le siège de leurs monastères pour les en expulser de vive force. Et si les Trappistes de Notre-Dame-des-Neiges n'ont pas eu à subir le sort des Prémontrés de Frigolet, ou de leurs frères des Dombes et de Bellefontaine, c'est que la neige, haute de plus d'un mètre, formait à leur monastère un rempart naturel et inexpugnable. Néanmoins, la neige devait fondre et la haine sectaire ne devait pas désarmer : il fallait chercher loin d'une ingrate patrie une terre hospitalière, et c'est à l'empire du Grand Turc qu'on alla demander la liberté de vivre que refusait la France.

Le Père Marie-Polycarpe vint alors avec un certain nombre de ses religieux fonder la Trappe de Notre-Dame-du-Sacré-Cœur dans le district de Cheykhlé (Haute-Syrie). Avec leur courage indomptable, mais au prix de leur santé et même de leur vie, les trappistes renouvelèrent les prodiges qu'ils avaient opérés partout où la Providence les avait envoyés, dans les déserts arides comme en Afrique, ou dans les plaines insalubres comme dans la Dombe.

Là, le bon Père avait retrouvé le calme et la paix, et il nous écrivait quelque temps après son arrivée :

« Je me repose dans la pratique de nos saintes règles, environné de l'affection de ceux que je regarde comme mes plus chers enfants, et qui s'ingénient à me rendre la vie plus agréable et plus douce. Nous commençons à unir la vie du missionnaire à celle du trappiste. Je ne puis pas faire grand'chose, car je suis trop vieux pour apprendre la langue du pays, mais lorsque nous aurons de jeunes orphelins, je pourrai me rendre peut-être un peu plus utile. »

Nous citons ces paroles parce qu'elles font bien ressortir sa profonde humilité, en même temps que son amour pour les enfants. Déjà, à Notre-Dame-des-Neiges, il avait fondé un scolasticat qui devint rapidement une pépinière de vocations précieuses,parmi lesquelles nous ne citerons que celle des abbés dom Louis de Gonzague et dom Martin, de Staouéli et de Notre-Dame-des-Neiges.

Malgré les soins dont les religieux entouraient leur père, sa santé s'affaiblissait peu à peu et les infirmités arrivaient avec l'âge. Aux douleurs de l'exil qu'il ressentait vivement, car on a beau être religieux, l'éloignement de la patrie est toujours amer,et, comme le disait pittoresquement un missionnaire partant pour des plages lointaines, le cœur n'aime pas à changer de garnison, aux douleurs de l'exil vint s'ajouter une cruelle épreuve, la mort de son frère, l'abbé Louis Marthoud, décédé le 3 mars de cette année, de dix ans plus jeune que lui. Il nous écrivait à cette occasion : « Cette mort, à laquelle cependant je m'attendais, m'a bien douloureusement frappé ! Je me console en pensant que bientôt j'irai le rejoindre. J'espère du moins que le divin Maître me fera cette grâce.»

Cette grâce, Dieu l'a accordée à notre vénérable ami beaucoup plus tôt que nous ne pensions. Car sa sœur, Mère Clémence de Jésus, de l'Adoration perpétuelle du Sacré-Cœur-des-Chartreux, avait reçu, il y a quelques jours seulement, une lettre de son frère dans laquelle il se félicitait de la santé dont il jouissait encore, lorsque tout à coup une dépêche télégraphe est venue apporter la nouvelle de la mort, sans donner aucun détail sur la maladie qui l'a emporté. Mais assurément cette mort a dû être précieuse devant Dieu, comme la mort des saints. Il s'était préparé par cinquante ans de vie religieuse , vie toute remplie de vertus humbles et sublimes, d'œuvres de zèle et de dévouement, de services rendus à sa patrie, d'exemples que ses frères et ses fils les religieux trappistes recueilleront comme le plus riche et le plus glorieux héritage de famille.

A. V. (1).

(1) M. l'abbé Vettard, chanoine de Lyon, ancien supérieur du petit séminaire de Montbrison et de l'institution des Minimes.

TABLE DES MATIÈRES

CHAPITRE II
AIGUEBELLE, 1846-1858.

CHAPITRE III
NOTRE-DAME-DES-NEIGES, 1858-1882.

CHAPITRE IV

En Orient, 1882-1895.